L'accesso civico ai documenti
a seguito del
Decreto legislativo 17 maggio 2016

Introduzione

Con il decreto legislativo 17 maggio 2016 il governo ha interso rafforzare la trasparenza amministrativa. Lo fa riorganizzando, in un unico testo, le disposizioni in materia di diritto di accesso civico, di obblighi di pubblicità, di trasparenza e diffusione di informazioni da parte delle pubbliche amministrazioni. Lo strumento tecnico utilizzato è quello del decreto legislativo quale attuazione della delega di cui all'articolo 7 della legge 7 agosto 2015, n. 124, recante "Deleghe al Governo in materia di riorganizzazione delle amministrazioni pubbliche".

In particolare, il provvedimento normativo apporta alcune significative modifiche al decreto legislativo 14 marzo 2013, n. 33, con i seguenti obiettivi: ridefinire l'ambito di applicazione degli obblighi e delle misure in materia di trasparenza; prevedere misure organizzative per la pubblicazione di alcune informazioni e per la concentrazione e la riduzione degli oneri gravanti in capo alle amministrazioni pubbliche; razionalizzare e precisare gli obblighi di pubblicazione; individuare i soggetti competenti all'irrogazione delle sanzioni per la violazione degli obblighi di trasparenza.

Inoltre, è introdotta una nuova forma di accesso civico ai dati e ai documenti pubblici, equivalente a quella che nei sistemi anglosassoni è definita *Freedom of information act* (Foia). Questa nuova forma di accesso prevede che chiunque, indipendentemente dalla titolarità di situazioni giuridicamente rilevanti, può accedere a tutti i dati e ai documenti detenuti dalle pubbliche amministrazioni, nel rispetto di alcuni limiti tassativamente indicati dalla legge. L'articolo 3 del decreto legislativo n. 33 del 2013, così come riformulato, specifica che chiunque ha diritto di conoscere non soltanto i dati oggetto di pubblicazione obbligatoria, ma anche quelli oggetto di accesso civico. Al comma 2-bis si prevede che, qualora siano coinvolti dati personali, l'Autorità nazionale anticorruzione, sentito il Garante per la protezione dei dati personali, possa identificare i dati, le informazioni e i documenti oggetto di pubblicazione obbligatoria, per i quali la pubblicazione in forma intergale è sostituita con quella di informazioni riassuntive. Si tratta, dunque, di un regime di accesso significativamente più ampio di quello previsto dalla versione originaria dell'articolo 5 del decreto legislativo n. 33 del 2013, in quanto consente di accedere non solo ai dati, alle informazioni e ai documenti per i quali esistono specifici obblighi di pubblicazione (per i quali permane, comunque, l'obbligo dell'amministrazione di pubblicare quanto richiesto, nel caso in cui non fosse già presente sul sito istituzionale), ma anche i dati e ai documenti per i quali non esiste l'obbligo di pubblicazione e che l'amministrazione deve quindi fornire al richiedente.

I soggetti legittimati a chiedere l'accesso
L'articolo 5 del "nuovo" D. Lgs. n. 33/2013, introduce il Capo I-bis, dedicato al Diritto di accesso a dati e documenti, già "Dati pubblici aperti" e sostituisce interamente il previgente articolo 5. In tale nuovo istituto, anche al fine di promuovere la partecipazione al dibattito pubblico, si ricomprende la possibilità per chiunque di poter accedere ai dati e ai documenti detenuti dalle pubbliche

amministrazioni, nel rispetto dei limiti relativi alla tutela di interessi giuridicamente rilevanti (il richiamo esplicito al carattere pubblico o privato dell'interesse è stato eliminato in accoglimento delle osservazioni del Garante per la protezione dei dati personali) escludendo la necessità che la pubblica amministrazione svolga un'ulteriore attività aggiuntiva di elaborazione del dato (comma 2). Viene così ampliata la disciplina in materia di accesso che prima era limitata all'obbligo per le pubbliche amministrazioni di provvedere alla pubblicazione dei dati (comma 1).

Questa nuova forma di accesso si distingue dalla disciplina in materia di accesso ai documenti amministrativi di cui agli articoli 22 e seguenti della legge 7 agosto 1990, n. 241. Più precisamente, dal punto di vista soggettivo, la richiesta di accesso non richiede alcuna qualificazione e motivazione, per cui il richiedente non deve dimostrare di essere titolare di un «interesse diretto, concreto e attuale, corrispondente ad una situazione giuridicamente tutelata e collegata al documento al quale è chiesto l'accesso», così come stabilito invece per l'accesso ai sensi della legge sul procedimento amministrativo

(v. art. 22, co. 1, lett, b), L. 7 agosto 1990, n. 241).

L'oggetto del diritto di accesso civico
Il Governo non interviene nella definizione di documento amministrativo. Resta pertanto salva la definizione ai sensi dell'art. 22 della legge 241/90 con modifica e integrazione della Legge 15/2005 secondo la quale è considerato documento amministrativo ogni rappresentazione grafica, fotocinematografica, elettromagnetica o di qualunque altra specie del contenuto di atti, anche interni o non relativi ad uno specifico procedimento, detenuti da una pubblica amministrazione e concernenti attività di pubblico interesse.

Dal punto di vista oggettivo i limiti applicabili alla nuova forma di accesso civico sono più ampi e dettagliati rispetto a quelli indicati dall'articolo 24 della legge n. 241/1990, consentendo alle amministrazioni di impedire l'accesso nei casi in cui questo possa compromettere alcuni rilevanti interessi pubblici generali.

Articolo 5-bis - Esclusioni e limiti all'accesso civico

1. L'accesso civico di cui all'articolo 5, comma 2, è rifiutato se il diniego è necessario per evitare un pregiudizio concreto alla tutela di uno degli interessi pubblici inerenti a:
a) la sicurezza pubblica e l'ordine pubblico;
b) la sicurezza nazionale;
c) la difesa e le questioni militari;
d) le relazioni internazionali;
e) la politica e la stabilità finanziaria ed economica dello Stato;
f) la conduzione di indagini sui reati e il loro perseguimento;
g) il regolare svolgimento di attività ispettive.

2. L'accesso di cui all'articolo 5, comma 2, è altresì rifiutato se il diniego è necessario per evitare un pregiudizio concreto alla tutela di uno dei seguenti interessi privati:
a) la protezione dei dati personali, in conformità con la disciplina legislativa in materia;
b) la libertà e la segretezza della corrispondenza;
c) gli interessi economici e commerciali di una persona fisica o giuridica, ivi compresi la

proprietà intellettuale, il diritto d'autore e i segreti commerciali.

3. Il diritto di cui all'articolo 5, comma 2, è escluso nei casi di segreto di Stato e negli altri casi di divieti di accesso o divulgazione previsti dalla legge, ivi compresi i casi in cui l'accesso è subordinato dalla disciplina vigente al rispetto di specifiche condizioni, modalità o limiti, inclusi quelli di cui all'articolo 24, comma 1, della legge n. 241 del 1990.

4. Restano fermi gli obblighi di pubblicazione previsti dalla normativa vigente. Se i limiti di cui ai commi 1 e 2 riguardano soltanto alcuni dati o alcune parti del documento richiesto, deve essere consentito l'accesso agli altri dati o alle altre parti.

5. i limiti di cui ai commi 1 e 2 si applicano unicamente per il periodo nel quale la protezione è giustificata in relazione alla natura del dato. L'accesso civico non può essere negato ove, per la tutela degli interessi di cui ai commi 1 e 2, sia sufficiente fare ricorso al potere di differimento.

6. Ai fini della definizione delle esclusioni e dei limiti all'accesso civico di cui al presente articolo, l'Autorità Nazionale anticorruzione, d'intesa con il Garante per la protezione dei

> dati personali e sentita la Conferenza Unificata di cui all'articolo 8 del decreto legislativo 28 agosto 1997, n. 281, adotta linee guida recanti indicazioni operative.

Il decreto legislativo interviene, inoltre, anche sulla legge 6 novembre 2012, n. 190. Sotto questo profilo, le novità sono volte a precisare i contenuti e i procedimenti di adozione del Piano nazionale anticorruzione e dei piani triennali per la prevenzione della corruzione, nonché a ridefinire i ruoli, i poteri e le responsabilità dei soggetti interni che intervengono nei relativi processi.

L'esercizio del diritto di accesso civico
L'art. 5 prevede che l'istanza possa essere trasmessa per via telematica secondo le modalità previste dal decreto legislativo 7 marzo 2005, n. 82, e successive modificazioni, ed è presentata alternativamente ad uno dei seguenti uffici:
a) all'ufficio che detiene i dati, le informazioni o i documenti;
b) all'Ufficio relazioni con il pubblico;

c) ad altro ufficio indicato dall'amministrazione nella sezione "Amministrazione trasparente" del sito istituzionale;
d) al responsabile della prevenzione della corruzione e della trasparenza, ove l'istanza abbia a oggetto dati, informazioni o documenti oggetto di pubblicazione obbligatoria ai sensi del presente decreto.

L'amministrazione provvede entro e non oltre trenta giorni con provvedimento espresso e motivato.

L'art. 5 non ha accolto la proposta avanzata dal Consiglio di Stato di prevedere l'istituzione, presso ciascun ente pubblico, di un "desk telematico unico per la trasparenza". Non si ritenuto opportuno procedere in via legislativa poiché per molte amministrazioni la materia organizzativa rientra nella sfera di autonomia di ciascuna amministrazione e la sua istituzione determinerebbe ulteriori oneri organizzativi ed economici a carico delle amministrazioni, contravvenendo alla logica di semplificazione. Rimane ferma la possibilità di ciascuna amministrazione di organizzarsi secondo queste indicazioni.

La novellazione del D.Lgs. 33/2013 lascia salva la disciplina dell'accesso informale riportata nell'art. 5 del d.P.R. 12 aprile 2006, n. 184. La norma chiarisce che questa tipologia di accesso è ammessa nel caso in cui «in base alla natura del documento richiesto, non risulti l'esistenza di controinteressati» (comma 1): e infatti, «La pubblica amministrazione, qualora in base al contenuto del documento richiesto riscontri l'esistenza di controinteressati, invita l'interessato a presentare richiesta formale di accesso» (comma 6).
L'esercizio del diritto di accesso in via informale si svolge mediante una richiesta, anche verbale, rivolta all'ufficio dell'amministrazione che detiene i dati, le informazioni o i documenti così come disciplinato dall'art. 5, c. 3, lett. a) del D.Lgs. 33/2013 novellato.

Gratuità del procedimento

Al comma 4 dell'art. 5 è stata esplicitamente prevista la gratuità del rilascio di dati e documenti, fermo restando il rimborso del solo costo effettivamente sostenuto e documentato dall'amministrazione per la riproduzione su supporti materiali.

Nella relazione tecnica che accompagna il decreto legislativo 17 maggio 2016 che modifica il D. Lgs. n. 33/2013, all'articolo 6, si legge espressamente "che, pur essendo l'accesso civico gratuito, lo stesso è comunque subordinato al rimborso del costo effettivamente sostenuto e documentato dall'amministrazione per la riproduzione su supporti materiali, ferme restando le disposizioni vigenti in materia di bollo, nonché i diritti di ricerca e di visura".

I controinteressati

Ai sensi dell'art. 22, comma 1, lett. c), della L. n. 241/1990, per controinteressati s'intendono «tutti i soggetti, individuati o facilmente individuabili in base alla natura del documento richiesto, che dall'esercizio dell'accesso vedrebbero compromesso il loro diritto alla riservatezza». La suddetta previsione è stata introdotta per la prima volta nell'ordinamento dall'art. 15 della L. 11 febbraio 2005, n. 15: prima della citata novella legislativa, nessuna norma (legislativa o regolamentare) prevedeva e/o tutelava esplicitamente la figura dei controinteressati.

La concreta identificazione dei soggetti titolari di una posizione di controinteresse all'accesso passa attraverso l'analisi del dettato normativo che si basa su due punti distinti:
- Il controinteressato è un soggetto che deve poter essere individuato, o almeno deve poter essere facilmente individuabile, in base alla natura del documento richiesto. Nell'individuazione dei controinteressati, la Pubblica Amministrazione deve considerare che, in caso di accoglimento dell'istanza di accesso al documento amministrativo, al richiedente è riconosciuta la facoltà di accedere pure agli altri documenti che siano in esso menzionati, ovvero riconducibili al medesimo procedimento (art. 7, comma 2, d.P.R. 12 aprile 2006, n. 184). L'Amminstrazione è quindi tenuta ad esaminare il contenuto degli atti correlati allo specifico documento oggetto dell'istanza, per verificare se vi siano contenuti dati personali di soggetti terzi, la cui ostensione sia suscettibile di compromettere il loro diritto alla riservatezza.
- Il contro interessato è un soggetto che dall'esercizio dell'accesso vedrebbe

compromesso il proprio diritto alla riservatezza. Non è quindi sufficiente che si tratta di un soggetto nominato o coinvolto nel documento oggetto dell'istanza ostensiva, occorrendo altresì che detto soggetto possa subire una lesione del proprio diritto alla riservatezza.

Dopo l'emanazione della L. 15/2005, il ruolo attribuito ai soggetti controinteressati nelle dinamiche inerenti l'accesso ai documenti amministrativi si è ulteriormente arricchito in virtù della previsione regolamentare contenuta nell'art. 3 del d.P.R. 12 aprile 2006, n. 184 ove è custodita la disciplina della "Notifica ai controinteressato".

Il riordino della disciplina riguardante il diritto di accesso non ha inciso sulla "gestione" del controinteressato che resta, ancora oggi, figura centrale del procedimento per l'accesso. Il comma 5 dell'art. 5 del D.Lgs. 33/2013, pur se integralmente riformulato, prevede che dinanzi alla presenza di soggetti controinteressati l'amministrazione cui è indirizzata la richiesta di accesso è tenuta a darne comunicazione agli stessi i quali, entro dieci giorni dalla ricezione della comunicazione, possono presentare opposizione.

L'opposizione del controinteressato deve essere "motivata" al fine di fornire all'Amministrazione procedente tutti gli elementi necessari per affrontare le posizioni giuridiche sostanziali in conflitto.

A decorrere dalla comunicazione ai controinteressati, il termine di riscontro della richiesta di accesso s'intende sospeso fino all'eventuale opposizione dei controinteressati e, comunque, non oltre 10 giorni. Decorso tale termine, la pubblica amministrazione provvede sulla richiesta effettuando un bilanciamento tra l'interesse pubblico alla trasparenza e l'interesse del controinteressato alla tutela dei dati personali.

Il provvedimento di accoglimento o di rigetto della richiesta di accesso è comunicato al richiedente e agli eventuali controinteressati.

Il provvedimento di accesso

In caso di accoglimento, in assenza di controinteressati o in mancanza di una loro opposizione, l'amministrazione provvede a trasmettere tempestivamente al richiedente i dati o i documenti richiesti, ovvero a pubblicare sul sito il dato, l'informazione o il documento richiesto e a comunicare al richiedente l'avvenuta pubblicazione dello stesso, indicando al richiedente il relativo collegamento ipertestuale. In caso di accoglimento della richiesta di accesso civico nonostante l'opposizione del controinteressato è stato previsto che, salvi i casi di comprovata indifferibilità, l'amministrazione ne dà comunicazione al controinteressato e provvede a trasmettere al richiedente i dati o i documenti richiesti non prima di quindici giorni dalla ricezione della stessa comunicazione da parte del controinteressato, al fine di consentire allo stesso l'esercizio della facoltà di ricorso.

Richiesta di riesame della richiesta di accesso

Nei casi di diniego totale o parziale dell'accesso o di mancata risposta entro il termine previsto, il richiedente può presentare richiesta di riesame al responsabile della prevenzione della corruzione e della trasparenza, che decide con provvedimento motivato, entro il termine di venti giorni.

Qualora si tratti di atti delle Regioni o degli enti locali, il richiedente può esperire più rimedi amministrativi: può presentare richiesta di riesame al responsabile della prevenzione della corruzione e della trasparenza, e, in caso di rigetto, può presentare ricorso al difensore civico competente per ambito territoriale, ove costituito, oppure, può presentare ricorso direttamente al difensore civico, ove costituito. Se l'accesso è negato o differito a tutela degli interessi di protezione di dati personali, il responsabile della prevenzione della corruzione e della trasparenza o il difensore civico provvedono sentito il Garante per la protezione dei dati personali, il quale si pronuncia entro il termine di dieci giorni dalla richiesta. Se il difensore civico ritiene illegittimo il diniego o il differimento, ne informa il richiedente e lo comunica all'amministrazione competente. Se questa non conferma il diniego o il differimento entro trenta giorni dal ricevimento della comunicazione del difensore civico, l'accesso è consentito.

Avverso le decisioni dell'amministrazione competente o del Responsabile della prevenzione della corruzione e della trasparenza, il richiedente può proporre ricorso al tribunale amministrativo regionale. Qualora il richiedente l'accesso si sia rivolto al difensore civico, il termine per proporre ricorso al TAR decorre dalla data di ricevimento, da

parte del richiedente, dell'esito della sua istanza al difensore civico.
I rimedi sopra indicati sono esperibili anche dal controinteressato.

RIORDINO DELLA DISCIPLINA RIGUARDANTE IL DIRITTO DI ACCESSO CIVICO E GLI OBBLIGHI DI PUBBLICITÀ, TRASPARENZA E DIFFUSIONE DI INFORMAZIONI DA PARTE DELLE PUBBLICHE AMMINISTRAZIONI

(Decreto Legislativo, 14 marzo 2013, n. 33 coordinato con Decreto Legislativo, 17 maggio 2016)

I soggetti di cui all'articolo 2-bis del decreto legislativo n. 33 del 2013 si adeguano alle modifiche allo stesso decreto legislativo, introdotte dal Decreto legislativo, 17 maggio 2016 (in attesa di pubblicazione di G.U.) entro 6 mesi dalla data di entrata in vigore del testo (articolo 42, comma 1, del Decreto legislativo, 17 maggio 2016).
Gli obblighi di pubblicazione di cui all'articolo 9-bis del decreto legislativo n. 33 del 2013 novellato, acquistano efficacia decorso un anno dalla data di entrata in vigore del decreto legislativo, 17 maggio 2016.

IL PRESIDENTE DELLA REPUBBLICA

Visti gli articoli 2, 3, comma secondo, 76, 87, 97, 113 e 117 della Costituzione;

Vista la legge 6 novembre 2012, n. 190, recante: «Disposizioni per la prevenzione e la repressione della corruzione e dell'illegalità nella pubblica amministrazione», ed in particolare i commi 35 e 36 dell'articolo 1;

Vista la legge 7 agosto 1990, n. 241, recante: «Nuove norme in materia di procedimento amministrativo e di diritto di accesso ai documenti amministrativi»;

Vista la legge 18 giugno 2009, n. 69, recante: «Disposizioni per lo sviluppo economico, la semplificazione, la competitività nonché in materia di processo civile»;

Visto il decreto legislativo 7 marzo 2005, n. 82, recante: «Codice dell'amministrazione digitale»;

Visto il decreto legislativo 27 ottobre 2009, n. 150, recante: «Attuazione della legge 4 marzo 2009, n. 15, in materia di ottimizzazione della produttività del lavoro pubblico e di efficienza e trasparenza delle pubbliche amministrazioni», ed in particolare il comma 8 dell'articolo 11;

Visto il decreto legislativo 30 giugno 2003, n. 196;

Considerato che le disposizioni già contenute nell'articolo 18 del decreto-legge 22 giugno 2012, n. 83, convertito, con modificazioni, dalla legge 7 agosto 2012, n. 134, costituiscono principio fondamentale della normativa in materia di trasparenza dell'azione amministrativa che appare opportuno estendere, in via generale, anche agli altri obblighi di pubblicazione previsti nel presente decreto;

Vista la preliminare deliberazione del Consiglio dei Ministri, adottata nella riunione del 22 gennaio 2013;

Sentito il Garante per la protezione dei dati personali;

Acquisito il parere in sede di Conferenza unificata, di cui all'articolo 8 del decreto legislativo 281 del 1997;

Vista la deliberazione del Consiglio dei Ministri, adottata nella riunione del 15 febbraio 2013;

Sulla proposta del Ministro per la pubblica amministrazione e la semplificazione;

Emana

il seguente decreto legislativo:

Capo I
PRINCIPI GENERALI

Art. 1 - Principio generale di trasparenza
1. La trasparenza è intesa come accessibilità totale ~~delle informazioni concernenti l'organizzazione e l'attività delle pubbliche amministrazioni, allo scopo di~~ dei dati e dei documenti detenuti dalle pubbliche amministrazioni, allo scopo di tutelare i diritti dei cittadini, promuovere la partecipazione degli interessati all'attività amministrativa e favorire forme diffuse di controllo sul perseguimento delle funzioni istituzionali e sull'utilizzo delle risorse pubbliche.
2. La trasparenza, nel rispetto delle disposizioni in materia di segreto di Stato, di segreto d'ufficio, di segreto statistico e di protezione dei dati personali, concorre ad attuare il principio democratico e i principi costituzionali di eguaglianza, di imparzialità, buon andamento, responsabilità, efficacia ed

efficienza nell'utilizzo di risorse pubbliche, integrità e lealtà nel servizio alla nazione. Essa è condizione di garanzia delle libertà individuali e collettive, nonché dei diritti civili, politici e sociali, integra il diritto ad una buona amministrazione e concorre alla realizzazione di una amministrazione aperta, al servizio del cittadino.
3. Le disposizioni del presente decreto, nonché le norme di attuazione adottate ai sensi dell'articolo 48, integrano l'individuazione del livello essenziale delle prestazioni erogate dalle amministrazioni pubbliche a fini di trasparenza, prevenzione, contrasto della corruzione e della cattiva amministrazione, a norma dell'articolo 117, secondo comma, lettera m), della Costituzione e costituiscono altresì esercizio della funzione di coordinamento informativo statistico e informatico dei dati dell'amministrazione statale, regionale e locale, di cui all'articolo 117, secondo comma, lettera r), della Costituzione.

Art. 2 - Oggetto
1. Le disposizioni del presente decreto ~~individuano gli obblighi di trasparenza concernenti l'organizzazione e l'attività delle~~

~~pubbliche amministrazioni e le modalità per la sua realizzazione,~~ disciplinano la libertà di accesso di chiunque ai dati e ai documenti detenuti dalle pubbliche amministrazioni e dagli altri soggetti di cui all'articolo 2-bis, garantita, nel rispetto dei limiti relativi alla tutela di interessi pubblici e privati giuridicamente rilevanti, tramite l'accesso civico e tramite la pubblicazione di documenti, informazioni e dati concernenti l'organizzazione e l'attività delle pubbliche amministrazioni e le modalità per la loro realizzazione.

2. Ai fini del presente decreto, per pubblicazione si intende la pubblicazione, in conformità alle specifiche e alle regole tecniche di cui all'allegato A, nei siti istituzionali delle pubbliche amministrazioni dei documenti, delle informazioni e dei dati concernenti l'organizzazione e l'attività delle pubbliche amministrazioni, cui corrisponde il diritto di chiunque di accedere ai siti direttamente ed immediatamente, senza autenticazione ed identificazione.

Art. 2-bis – Ambito soggettivo di applicazione

1. Ai fini del presente decreto, per 'pubbliche amministrazioni' si intendono tutte le amministrazioni di cui all'articolo 1, comma 2, del decreto legislativo 30 marzo 2001, n. 165, e successive modificazioni, ivi comprese le autorità portuali, nonché le autorità amministrative indipendenti di garanzia, vigilanza e regolazione.

2. La medesima disciplina prevista per le pubbliche amministrazioni di cui al comma 1 si applica anche, in quanto compatibile:

a) agli enti pubblici economici e agli ordini professionali;

b) alle società in controllo pubblico come definite dal decreto legislativo emanato in attuazione dell'articolo 18 della legge 7 agosto 2015, n. 124. Sono escluse le società quotate come definite dallo stesso decreto legislativo emanato in attuazione dell'articolo 18 della legge 7 agosto 2015, n. 124;

c) alle associazioni, alle fondazioni e agli enti di diritto privato comunque denominati, anche privi di personalità giuridica, con bilancio superiore a cinquecentomila euro, la cui attività sia finanziata in modo maggioritario per almeno due esercizi

finanziari consecutivi nell'ultimo triennio da pubbliche amministrazioni e in cui la totalità dei titolari o dei componenti dell'organo d'amministrazione o di indirizzo sia designata da pubbliche amministrazioni.
3. La medesima disciplina prevista per le pubbliche amministrazioni di cui al comma 1 si applica, in quanto compatibile, limitatamente ai dati e ai documenti inerenti all'attività di pubblico interesse disciplinata dal diritto nazionale o dell'Unione europea, alle società di partecipazione pubblica come definite dal decreto legislativo emanato in attuazione dell'articolo 18 della legge 7 agosto 2015, n. 124, e alle associazioni alle fondazioni e agli enti di diritto privato, anche privi di personalità giuridica, con bilancio superiore a cinquecentomila euro, che esercitano funzioni amministrative, attività di produzione di beni e servizi a favore delle amministrazioni pubbliche o di gestione di servizi pubblici.

Art. 3 - Pubblicità e diritto alla conoscibilità
1. Tutti i documenti, le informazioni e ~~i dati oggetto~~ di accesso civico, ivi compresi quelli oggetto di pubblicazione obbligatoria ai sensi della normativa vigente sono pubblici e

chiunque ha diritto di conoscerli, di fruirne gratuitamente, e di utilizzarli e riutilizzarli ai sensi dell'articolo 7.

1-bis. L'Autorità nazionale anticorruzione, sentito il Garante per la protezione dei dati personali nel caso in cui siano coinvolti dati personali, con propria delibera adottata, previa consultazione pubblica, in conformità con i principi di proporzionalità e di semplificazione, e all'esclusivo fine di ridurre gli oneri gravanti sui soggetti di cui all'articolo 2-bis, può identificare i dati, le informazioni e i documenti oggetto di pubblicazione obbligatoria ai sensi della disciplina vigente per i quali la pubblicazione in forma integrale è sostituita con quella di informazioni riassuntive, elaborate per aggregazione. In questi casi, l'accesso ai dati e ai documenti nella loro integrità è disciplinato dall'art. 5.

1-ter. L'Autorità nazionale anticorruzione può, con il Piano nazionale anticorruzione, nel rispetto delle disposizioni del presente decreto, precisare gli obblighi di pubblicazione e le relative modalità di attuazione, in relazione alla natura dei soggetti, alla loro dimensione organizzativa e alle attività svolte, prevedendo in particolare modalità semplificate per i comuni con la popolazione inferiore a 15.000 abitanti, per gli ordini e collegi professionali.

Art. 4 - Limiti alla trasparenza

1. Gli obblighi di pubblicazione dei dati personali diversi dai dati sensibili e dai dati giudiziari, di cui all'articolo 4, comma 1, lettera d) ed e), del decreto legislativo 30 giugno 2003, n. 196, comportano la possibilità di una diffusione dei dati medesimi attraverso siti istituzionali, nonché il loro trattamento secondo modalità che ne consentono la indicizzazione e la rintracciabilità tramite i motori di ricerca web ed il loro riutilizzo ai sensi dell'articolo 7 nel rispetto dei principi sul trattamento dei dati personali.

2. La pubblicazione nei siti istituzionali, in attuazione del presente decreto, di dati relativi a titolari di organi di indirizzo politico e di uffici o incarichi di diretta collaborazione, nonché a dirigenti titolari degli organi amministrativi è finalizzata alla realizzazione della trasparenza pubblica, che integra una finalità di rilevante interesse pubblico nel rispetto della disciplina in materia di protezione dei dati personali.

~~3. Le pubbliche amministrazioni possono disporre la pubblicazione nel proprio sito istituzionale di dati, informazioni e documenti che non hanno l'obbligo di pubblicare ai sensi del presente decreto o sulla base di specifica previsione di legge o regolamento, fermi restando i limiti e le condizioni espressamente previsti da disposizioni di legge, procedendo alla anonimizzazione dei dati personali eventualmente presenti.~~

~~4. Nei casi in cui norme di legge o di regolamento prevedano la pubblicazione di atti o documenti, le pubbliche amministrazioni provvedono a rendere non intelligibili i dati personali non pertinenti o, se sensibili o giudiziari, non indispensabili rispetto alle specifiche finalità di trasparenza della pubblicazione.~~

~~5. Le notizie concernenti lo svolgimento delle prestazioni di chiunque sia addetto a una funzione pubblica e la relativa valutazione sono rese accessibili dall'amministrazione di appartenenza. Non sono invece ostensibili, se non nei casi previsti dalla legge, le notizie concernenti la natura delle infermità e degli impedimenti personali o familiari che causino l'astensione dal lavoro, nonché le componenti~~

~~della valutazione o le notizie concernenti il rapporto di lavoro tra il predetto dipendente e l'amministrazione, idonee a rivelare taluna delle informazioni di cui all'articolo 4, comma 1, lettera d) del decreto legislativo n. 196 del 2003.~~

~~6. Restano fermi i limiti alla diffusione e all'accesso delle informazioni di cui all'articolo 24, comma 1 e 6, della legge 7 agosto 1990, n. 241, e successive modifiche, di tutti i dati di cui all'articolo 9 del decreto legislativo 6 settembre 1989, n. 322, di quelli previsti dalla normativa europea in materia di tutela del segreto statistico e di quelli che siano espressamente qualificati come riservati dalla normativa nazionale ed europea in materia statistica, nonché quelli relativi alla diffusione dei dati idonei a rivelare lo stato di salute e la vita sessuale.~~

~~7. Al fine di assicurare la trasparenza degli atti amministrativi non soggetti agli obblighi di pubblicità previsti dal presente decreto, la Commissione di cui all'articolo 27 della legge 7 agosto 1990, n. 241, continua ad operare anche oltre la scadenza del mandato prevista dalla disciplina vigente, senza oneri a carico del bilancio dello Stato.~~

~~8. Sono esclusi dall'ambito di applicazione del presente decreto i servizi di aggregazione, estrazione e trasmissione massiva degli atti memorizzati in banche dati rese disponibili sul web.~~

Art. 4-bis - Trasparenza nell'utilizzo delle risorse pubbliche
1 L'Agenzia per l'Italia digitale, d'intesa con il Ministero dell'economia e delle finanze, al fine di promuovere l'accesso e migliorare la comprensione dei dati relativi all'utilizzo delle risorse pubbliche, gestisce il sito internet denominato "Soldi pubblici" che consente l'accesso ai dati dei pagamenti delle pubbliche amministrazioni e ne permette la consultazione in relazione alla tipologia di spesa sostenuta e alle amministrazioni che l'hanno effettuata, nonché nell'ambito temporale di riferimento.
2. Ciascuna amministrazione pubblica sul proprio sito istituzionale, in una parte chiaramente identificabile della sezione "Amministrazione trasparente", i dati sui propri pagamenti e ne permette la consultazione in relazione alla tipologia di spesa sostenuta, all'ambito temporale di riferimento e ai beneficiari.

3. Per le spese in materia di personale di applica quanto previsto dagli articoli da 15 a 20.

4. Dalle disposizioni di cui ai commi 1 e 2 non devono derivare nuovi o maggiori oneri a carico della finanza pubblica. Le amministrazioni interessati provvedono ai relativi adempimenti nell'ambito delle risorse umane, strumentali e finanziarie disponibili a legislazione vigente.

CAPO 1-BIS
DIRITTO DI ACCESSO AI DATI E DOCUMENTI

Art. 5 - Accesso civico a dati e documenti

1. ~~L'obbligo previsto dalla normativa vigente in capo alle pubbliche amministrazioni di pubblicare~~

~~documenti, informazioni o dati comporta il diritto di chiunque di richiedere i medesimi, nei casi in cui sia stata omessa la loro pubblicazione.~~

2. ~~La richiesta di accesso civico non è sottoposta ad alcuna limitazione quanto alla legittimazione soggettiva del richiedente non~~

~~deve essere motivata, è gratuita e va presentata al responsabile della trasparenza dell'amministrazione obbligata alla pubblicazione di cui al comma 1, che si pronuncia sulla stessa.~~

~~3. L'amministrazione, entro trenta giorni, procede alla pubblicazione nel sito del documento,~~

~~dell'informazione o del dato richiesto e lo trasmette contestualmente al richiedente, ovvero comunica al medesimo l'avvenuta pubblicazione, indicando il collegamento ipertestuale a quanto richiesto. Se il documento, l'informazione o il dato richiesti risultano già pubblicati nel rispetto della normativa vigente, l'amministrazione indica al richiedente il relativo collegamento ipertestuale.~~

~~4. Nei casi di ritardo o mancata risposta il richiedente può ricorrere al titolare del potere sostitutivo di cui all'articolo 2, comma 9-bis della legge 7 agosto 1990, n. 241, e successive modificazioni, che, verificata la sussistenza dell'obbligo di pubblicazione, nei termini di cui al comma 9-ter del medesimo articolo, provvede ai sensi del comma 3.~~

~~5. La tutela del diritto di accesso civico è disciplinata dalle disposizioni di cui al decreto legislativo 2 luglio 2010, n. 104, così come modificato dal presente decreto.~~
~~6. La richiesta di accesso civico comporta, da parte del Responsabile della trasparenza, l'obbligo di segnalazione di cui all'articolo 43, comma 5.~~

1. L'obbligo previsto dalla normativa vigente in capo alle pubbliche amministrazioni di pubblicare documenti, informazioni o dati comporta il diritto di chiunque di richiedere i medesimi, nei casi in cui sia stata omessa la loro pubblicazione.

2. Allo scopo di favorire forme diffuse di controllo sul perseguimento delle funzioni istituzionali e sull'utilizzo delle risorse pubbliche e di promuovere la partecipazione al dibattito pubblico, chiunque ha diritto di accedere ai dati e ai documenti detenuti dalle pubbliche amministrazioni, ulteriori rispetto a quelli oggetto di pubblicazione ai sensi del presente decreto, nel rispetto dei limiti relativi alla tutela di interessi giuridicamente rilevanti secondo quanto previsto dall'articolo 5-bis.

3. L'esercizio del diritto di cui ai commi 1 e 2 non è sottoposto ad alcuna limitazione quanto

alla legittimazione soggettiva del richiedente. L'istanza di accesso civico identifica i dati, le informazioni o i documenti richiesti e non richiede motivazione. L'istanza può essere trasmessa per via telematica secondo le modalità previste dal decreto legislativo 7 marzo 2005, n. 82, e successive modificazioni, ed è presentata alternativamente ad uno dei seguenti uffici:
a) all'ufficio che detiene i dati, le informazioni o i documenti;
b) all'Ufficio relazioni con il pubblico;
c) ad altro ufficio indicato dall'amministrazione nella sezione "Amministrazione trasparente" del sito istituzionale;
d) al responsabile della prevenzione della corruzione e della trasparenza, ove l'istanza abbia a oggetto dati, informazioni o documenti oggetto di pubblicazione obbligatoria ai sensi del presente decreto.
4. Il rilascio dei dati o documenti in formato elettronico o cartaceo è gratuito, salvo il rimborso del costo effettivamente sostenuto e documentato dall'amministrazione per la riproduzione su supporti materiali.

5. Fatti salvi i casi di pubblicazione obbligatoria, l'amministrazione cui è indirizzata la richiesta di accesso, se individua soggetti controinteressati, ai sensi dell'articolo 5-bis, comma 2, è tenuta a dare comunicazione agli stessi, mediante invio di copia con raccomandata con avviso di ricevimento, o per via telematica per coloro che abbiano consentito tale forma di comunicazione. Entro dieci giorni dalla ricezione della comunicazione, i controinteressati possono presentare una motivata opposizione, anche per via telematica, alla richiesta di accesso. A decorrere dalla comunicazione ai controinteressati, il termine di cui al comma 6 è sospeso fino all'eventuale opposizione dei controinteressati. Decorso tale termine, la pubblica amministrazione provvede sulla richiesta, accertata la ricezione della comunicazione.
6. Il procedimento di accesso civico deve concludersi con provvedimento espresso e motivato nel termine di trenta giorni dalla presentazione dell'istanza con la comunicazione al richiedente e agli eventuali controinteressati. In caso di accoglimento, l'amministrazione provvede a trasmettere

tempestivamente al richiedente i dati o i documenti richiesti, ovvero, nel caso in cui l'istanza riguardi dati, informazioni o documenti oggetto di pubblicazione obbligatoria ai sensi del presente decreto, a pubblicare sul sito i dati, le informazioni o i documenti richiesti e a comunicare al richiedente l'avvenuta pubblicazione dello stesso, indicandoli il relativo collegamento ipertestuale. In caso di accoglimento della richiesta di accesso civico nonostante l'opposizione del contro interessato, salvi i casi di comprovata indifferibilità, l'amministrazione ne dà comunicazione al controinteressato e provvede a trasmettere al richiedente i dati o i documenti richiesti non prima di quindici giorni dalla ricezione della stessa comunicazione da parte del cotrointeressato. Il rifiuto, il differimento e la limitazione dell'accesso devono essere motivati con riferimento ai casi e ai limiti stabiliti dall'articolo 5-bis. Il responsabile della prevenzione della corruzione e della trasparenza può chiedere agli uffici della relativa amministrazione informazioni sull'esito delle istanze.

7. Nei casi di diniego totale o parziale dell'accesso o di mancata risposta entro il termine indicato al comma 6, il richiedente può presentare richiesta di riesame al responsabile della prevenzione della corruzione e della trasparenza, di cui all'articolo 43, che decide con provvedimento motivato, entro il termine di venti giorni. Se l'accesso è stato negato o differito a tutela degli interessi di cui all'articolo 5-bis, comma 2, lettera a), il suddetto responsabile provvede sentito il Garante per la protezione dei dati personali, il quale si pronuncia entro il termine di dieci giorni dalla richiesta. A decorrere dalla comunicazione al Garante, il termine per l'adozione del provvedimento da parte del responsabile è sospeso fino alla ricezione del parere del Garante e comunque per un periodo non superiore ai predetti dieci giorni. Avverso la decisione dell'amministrazione competente o, in caso di richiesta di riesame, avverso quella del responsabile della prevenzione della corruzione e della trasparenza, il richiedente può proporre ricorso al tribunale amministrativo regionale ai sensi dell'articolo 116 del Codice del processo amministrativo di cui al decreto legislativo 2 luglio 2010, n. 104.

8. Qualora si tratti di atti delle amministrazioni delle regioni o degli enti locali, il richiedente può altresì presentare ricorso al difensore civico competente per ambito territoriale, ove costituito. Qualora tale organo non sia stato istituito, la competenza è attribuita al difensore civico competente per l'ambito territoriale immediatamente superiore. Il ricorso va altresì notificato all'amministrazione interessata. Il difensore civico si pronuncia entro trenta giorni dalla presentazione del ricorso. Se il difensore civico ritiene illegittimo il diniego o il differimento, ne informa il richiedente e lo comunica all'amministrazione competente. Se questa non conferma il diniego o il differimento entro trenta giorni dal ricevimento della comunicazione del difensore civico, l'accesso è consentito. Qualora il richiedente l'accesso si sia rivolto al difensore civico, il termine di cui all'articolo 116, comma 1, del Codice del processo amministrativo decorre dalla data di ricevimento, da parte del richiedente, dell'esito della sua istanza al difensore civico. Se l'accesso è stato negato o differito a tutela degli interessi di cui all'articolo 5-bis, comma 2, lettere a), il difensore civico provvede sentito il Garante per

la protezione dei dati personali, il quale si pronuncia entro il termine di dieci giorni dalla richiesta. A decorrere dalla comunicazione al Garante, il termine per la pronuncia del Difensore è sospeso, fino alla ricezione del parere del Garante e comunque per un periodo non superiore ai predetti dieci giorni.

9. Nei casi di accoglimento della richiesta di accesso, il contro interessato può presentare richiesta di riesame ai sensi del comma 7 e presentare ricorso al difensore civico ai sensi del comma 8.

10. Nel caso in cui la richiesta di accesso civico riguardi dati, informazioni o documenti oggetto di pubblicazione obbligatoria ai sensi del presente decreto, il responsabile della prevenzione della corruzione e della trasparenza ha l'obbligo di effettuare la segnalazione di cui all'articolo 43, comma 5.

11. Restano fermi gli obblighi di pubblicazione previsti dal Capo II, nonché le diverse forme di accesso degli interessati previste dal Capo V della legge 7 agosto 1990, n. 241.

5-bis - Esclusioni e limiti all'accesso civico
1. L'accesso civico di cui all'articolo 5, comma 2, è rifiutato se il diniego è necessario per

evitare un pregiudizio concreto alla tutela di uno degli interessi pubblici inerenti a:
a) la sicurezza pubblica e l'ordine pubblico;
b) la sicurezza nazionale;
c) la difesa e le questioni militari;
d) le relazioni internazionali;
e) la politica e la stabilità finanziaria ed economica dello Stato;
f) la conduzione di indagini sui reati e il loro perseguimento;
g) il regolare svolgimento di attività ispettive.
2. L'accesso di cui all'articolo 5, comma 2, è altresì rifiutato se il diniego è necessario per evitare un pregiudizio concreto alla tutela di uno dei seguenti interessi privati:
a) la protezione dei dati personali, in conformità con la disciplina legislativa in materia;
b) la libertà e la segretezza della corrispondenza;
c) gli interessi economici e commerciali di una persona fisica o giuridica, ivi compresi la proprietà intellettuale, il diritto d'autore e i segreti commerciali.
3. Il diritto di cui all'articolo 5, comma 2, è escluso nei casi di segreto di Stato e negli altri casi di divieti di accesso o divulgazione

previsti dalla legge, ivi compresi i casi in cui l'accesso è subordinato dalla disciplina vigente al rispetto di specifiche condizioni, modalità o limiti, inclusi quelli di cui all'articolo 24, comma 1, della legge n. 241 del 1990.
4. Restano fermi gli obblighi di pubblicazione previsti dalla normativa vigente. Se i limiti di cui ai commi 1 e 2 riguardano soltanto alcuni dati o alcune parti del documento richiesto, deve essere consentito l'accesso agli altri dati o alle altre parti.
5. i limiti di cui ai commi 1 e 2 si applicano unicamente per il periodo nel quale la protezione è giustificata in relazione alla natura del dato. L'accesso civico non può essere negato ove, per la tutela degli interessi di cui ai commi 1 e 2, sia sufficiente fare ricorso al potere di differimento.
6. Ai fini della definizione delle esclusioni e dei limiti all'accesso civico di cui al presente articolo, l'Autorità Nazionale anticorruzione, d'intesa con il Garante per la protezione dei dati personali e sentita la Conferenza Unificata di cui all'articolo 8 del decreto legislativo 28 agosto 1997, n. 281, adotta linee guida recanti indicazioni operative.

5-ter - Accesso per fini scientifici ai dati elementari raccolti per finalità statistiche

1. Gli enti e uffici del Sistema statistico nazionale ai sensi del decreto legislativo 6 settembre 1989, n. 322, di seguito Sistan, possono consentire l'accesso per fini scientifici ai dati elementari, privi di ogni riferimento che permetta l'identificazione diretta delle unità statistiche, raccolti nell'ambito di trattamenti statistici di cui i medesimi soggetti siano titolari, a condizione che:

a) l'accesso sia richiesto da ricercatori appartenenti a università, enti di ricerca e istituzioni pubbliche o private o loro strutture di ricerca, inseriti nell'elenco redatto dall'autorità statistica dell'Unione europea (Eurostat) o che risultino in possesso dei requisiti stabiliti ai sensi del comma 3, lettera a), a seguito di valutazione effettuata dal medesimo soggetto del Sistan che concede l'accesso e approvata dal Comitato di cui al medesimo comma 3;

b) sia sottoscritto, da parte di un soggetto abilitato a rappresentare l'ente richiedente, un impegno di riservatezza specificante le condizioni di utilizzo dei dati, gli obblighi dei ricercatori, i provvedimenti previsti in caso di violazione degli impegni assunti, nonché le misure adottate per tutelare la riservatezza dei dati;

c) sia presentata una proposta di ricerca e la stessa sia ritenuta adeguata, sulla base dei criteri di cui al comma 3, lettera b), dal medesimo soggetto del Sistan che concede l'accesso. Il progetto deve specificare lo scopo della ricerca, il motivo per il quale tale scopo non può essere conseguito senza l'utilizzo dei dati elementari, i ricercatori che hanno accesso ai dati, i dati richiesti, i metodi di ricerca e i risultati che si intendono diffondere. Alla proposta di ricerca sono allegate dichiarazioni di riservatezza sottoscritte singolarmente dai ricercatori che avranno accesso ai dati. È fatto divieto di effettuare trattamenti diversi da quelli previsti nel progetto di ricerca, conservare i dati elementari oltre i termini di durata del progetto, comunicare i dati a terzi e diffonderli, pena l'applicazione della sanzione di cui all'art. 162, comma 2 bis del decreto legislativo 30 giugno 2003, n. 196.

2. I dati elementari di cui al comma 1, tenuto conto dei tipi di dati nonché dei rischi e delle conseguenze di una loro illecita divulgazione, sono messi a disposizione dei ricercatori sotto

forma di file a cui sono stati applicati metodi di controllo al fine di non permettere l'identificazione dell'unità statistica. In caso di motivata richiesta, da cui emerga la necessità ai fini della ricerca e l'impossibilità di soluzioni alternative, sono messi a disposizione file a cui non sono applicati tali metodi, purché l'utilizzo di questi ultimi avvenga all'interno di laboratori costituiti dal titolare dei trattamenti statistici cui afferiscono i dati, accessibili anche da remoto tramite laboratori organizzati e gestiti da soggetto ritenuto idoneo e a condizione che il rilascio dei risultati delle elaborazioni sia autorizzato dal responsabile del laboratorio stesso, che i risultati della ricerca non permettano il collegamento con le unità statistiche, nel rispetto delle norme in materia di segreto statistico e di protezione dei dati personali, o nell'ambito di progetti congiunti finalizzati anche al perseguimento di compiti istituzionali del titolare del trattamento statistico cui afferiscono i dati, sulla base di appositi protocolli di ricerca sottoscritti dai ricercatori che partecipano al progetto, nei quali siano richiamate le norme in materia si segreto statistico e di protezione dei dati personali.

3. Sentito il Garante per la protezione dei dati personali, il Comitato di indirizzo e coordinamento dell'informazione statistica (Comstat), con atto da emanarsi ai sensi dell'articolo 3, comma 6, del decreto del Presidente della Repubblica 7 settembre 2010, n. 166, avvalendosi del supporto dell'Istat, adotta le linee guida per l'attuazione della disciplina di cui al presente articolo. In particolare, il Comstat stabilisce:

a) i criteri per il riconoscimento degli enti di cui al comma 1, lettera a), avuto riguardo agli scopi istituzionali perseguiti, all'attività svolta e all'organizzazione interna in relazione all'attività di ricerca, nonché alle misure adottate per garantire la sicurezza dei dati;

b) i criteri di ammissibilità dei progetti di ricerca avuto riguardo allo scopo della ricerca, alla necessità di disporre dei dati richiesti, ai risultati e benefici attesi e ai metodi impiegati per la loro analisi e diffusione;

c) le modalità di organizzazione e funzionamento dei laboratori fisici e virtuali di cui al comma 2;

d) i criteri per l'accreditamento dei gestori dei laboratori virtuali, avuto riguardo agli scopi istituzionali, all'adeguatezza della struttura

organizzativa e alle misure adottate per la gestione e la sicurezza dei dati;
e) le conseguenze di eventuali violazioni degli impegni assunti dall'ente di ricerca e dai singoli ricercatori.
4. Nei siti istituzionali del Sistan e di ciascun soggetto del Sistan sono pubblicati gli elenchi degli enti di ricerca riconosciuti e dei file di dati elementari resi disponibili.
5. Il presente articolo si applica anche ai dati relativi a persone giuridiche, enti od associazioni.

CAPO I-TER
PUBBLICAZIONE DEI DATI, DELLE INFORMAZIONI E DEI DOCUMENTI

Art. 6 - Qualità delle informazioni
1. Le pubbliche amministrazioni garantiscono la qualità delle informazioni riportate nei siti istituzionali nel rispetto degli obblighi di pubblicazione previsti dalla legge, assicurandone l'integrità, il costante aggiornamento, la completezza, la tempestività, la semplicità di consultazione, la comprensibilità, l'omogeneità, la facile accessibilità, nonché la conformità ai

documenti originali in possesso dell'amministrazione, l'indicazione della loro provenienza e la riutilizzabilità secondo quanto previsto dall'articolo 7.
2. L'esigenza di assicurare adeguata qualità delle informazioni diffuse non può, in ogni caso, costituire motivo per l'omessa o ritardata pubblicazione dei dati, delle informazioni e dei documenti.

Art. 7 - Dati aperti e riutilizzo
1. I documenti, le informazioni e i dati oggetto di pubblicazione obbligatoria ai sensi della normativa
vigente, resi disponibili anche a seguito dell'accesso civico di cui all'articolo 5, sono pubblicati in formato di tipo aperto ai sensi dell'articolo 68 del Codice dell'amministrazione digitale, di cui al decreto legislativo 7 marzo 2005, n. 82, e sono riutilizzabili ai sensi del decreto legislativo 24 gennaio 2006, n. 36, del decreto legislativo 7 marzo 2005, n. 82, e del decreto legislativo 30 giugno 2003, n. 196, senza ulteriori restrizioni diverse dall'obbligo di citare la fonte e di rispettarne l'integrità.

Art. 7-bis - Riutilizzo dei dati pubblicati
1. Gli obblighi di pubblicazione dei dati personali diversi dai dati sensibili e dai dati giudiziari, di cui all'articolo 4, comma 1, lettere d) ed e), del decreto legislativo 30 giugno 2003, n. 196, comportano la possibilità di diffusione dei dati medesimi attraverso siti istituzionali, nonché il loro trattamento secondo modalità che ne consentono la indicizzazione e la rintracciabilità tramite i motori di ricerca web ed il loro riutilizzo ai sensi dell'articolo 7 nel rispetto dei principi sul trattamento dei dati personali.
2. La pubblicazione nei siti istituzionali, in attuazione del presente decreto, di dati relativi a titolari di organi di indirizzo politico e di uffici o incarichi di diretta collaborazione, nonché a dirigenti titolari degli organi amministrativi è finalizzata alla realizzazione della trasparenza pubblica, che integra una finalità di rilevante interesse pubblico nel rispetto della disciplina in materia di protezione dei dati personali.
3. Le pubbliche amministrazioni possono disporre la pubblicazione nel proprio sito istituzionale di dati, informazioni e documenti che non hanno l'obbligo di pubblicare ai sensi

del presente decreto o sulla base di specifica previsione di legge o regolamento, nel rispetto dei limiti indicati dall'articolo 5-bis, procedendo alla indicazione in forma anonima dei dati personali eventualmente presenti.

4. Nei casi in cui norme di legge o di regolamento prevedano la pubblicazione di atti o documenti, le pubbliche amministrazioni provvedono a rendere non intelligibili i dati personali non pertinenti o, se sensibili o giudiziari, non indispensabili rispetto alle specifiche finalità di trasparenza della pubblicazione.

5. Le notizie concernenti lo svolgimento delle prestazioni di chiunque sia addetto a una funzione pubblica e la relativa valutazione sono rese accessibili dall'amministrazione di appartenenza. Non sono invece ostensibili, se non nei casi previsti dalla legge, le notizie concernenti la natura delle infermità e degli impedimenti personali o familiari che causino l'astensione dal lavoro, nonché le componenti della valutazione o le notizie concernenti il rapporto di lavoro tra il predetto dipendente e l'amministrazione, idonee a rivelare taluna delle informazioni di cui all'articolo 4, comma

2, lettera d) del decreto legislativo n. 196 del 2003.

6. Restano fermi i limiti all'accesso e alla diffusione delle informazioni di cui all'articolo 24, commi 1 e 6 della legge 7 agosto 1990, n. 241, e successive modifiche, di tutti i dati di cui all'articolo 9 del decreto legislativo 6 settembre 1989, n. 322, di quelli previsti dalla normativa europea in materia di tutela del segreto statistico e di quelli che siano espressamente qualificati come riservati dalla normativa nazionale ed europea in materia statistica, nonché quelli relativi alla diffusione dei dati idonei a rivelare lo stato di salute e la vita sessuale.

7. La Commissione di cui all'articolo 27 della legge 7 agosto 1990, n. 241, continua ad operare anche oltre la scadenza del mandato prevista dalla disciplina vigente, senza oneri a carico del bilancio dello Stato. 8. Sono esclusi dall'ambito di applicazione del presente decreto i servizi di aggregazione, estrazione e trasmissione massiva degli atti memorizzati in banche dati rese disponibili sul web.

Art. 8 - Decorrenza e durata dell'obbligo di pubblicazione

1. I documenti contenenti atti oggetto di pubblicazione obbligatoria ai sensi della normativa vigente sono pubblicati tempestivamente sul sito istituzionale dell'amministrazione.
2. I documenti contenenti altre informazioni e dati oggetto di pubblicazione obbligatoria ai sensi della normativa vigente sono pubblicati e mantenuti aggiornati ai sensi delle disposizioni del presente decreto.
3. I dati, le informazioni e i documenti oggetto di pubblicazione obbligatoria ai sensi della normativa
vigente sono pubblicati per un periodo di 5 anni, decorrenti dal 1° gennaio dell'anno successivo a quello da cui decorre l'obbligo di pubblicazione, e comunque fino a che gli atti pubblicati producono i loro effetti, fatti salvi i diversi termini previsti dalla normativa in materia di trattamento dei dati personali e quanto previsto dagli articoli 14, comma 2, e 15, comma 4. Decorsi detti termini, i relativi dati e documenti sono accessibili ai sensi dell'articolo 5.
3-bis. L'Autorità nazionale anticorruzione, sulla base di una valutazione del rischio corruttivo, delle esigenze di semplificazione e

delle richieste di accesso, determina, anche su proposta del Garante per la protezione dei dati personali, i casi in cui la durata della pubblicazione del dato e del documento può essere inferiore a 5 anni.

Art. 9 - Accesso alle informazioni pubblicate nei siti

1. Ai fini della piena accessibilità delle informazioni pubblicate, nella home page dei siti istituzionali è collocata un'apposita sezione denominata «Amministrazione trasparente», al cui interno sono contenuti i dati, le informazioni e i documenti pubblicati ai sensi della normativa vigente. Al fine di evitare eventuali duplicazioni, la suddetta pubblicazione può essere sostituita da un collegamento ipertestuale alla sezione del sito in cui sono presenti i relativi dati, informazioni o documenti, assicurando la qualità delle informazioni di cui all'articolo 6. Le amministrazioni non possono disporre filtri e altre soluzioni tecniche atte ad impedire ai motori di ricerca web di indicizzare ed effettuare ricerche all'interno della sezione «Amministrazione trasparente».

~~2. Alla scadenza del termine di durata dell'obbligo di pubblicazione di cui all'articolo 8, comma 3, i~~
~~documenti, le informazioni e i dati sono comunque conservati e resi disponibili, con le modalità di cui all'articolo 6, all'interno di distinte sezioni del sito di archivio, collocate e debitamente segnalate~~
~~nell'ambito della sezione «Amministrazione trasparente». I documenti possono essere trasferiti all'interno delle sezioni di archivio anche prima della scadenza del termine di cui all'articolo 8, comma 3.~~

Art. 9-bis - Pubblicazione delle banche dati
1. Le pubbliche amministrazioni titolari delle banche dati di cui all'Allegato B pubblicano i dati, contenuti nelle medesime banche dati, corrispondenti agli obblighi di pubblicazione di cui al presente decreto, indicati nel medesimo, con i requisiti di cui all'articolo 6, ove compatibili con le modalità di raccolta ed elaborazione dei dati.
2. Nei casi di cui al comma 1, nei limiti dei dati effettivamente contenuti nelle banche dati di cui al medesimo comma, i soggetti di cui all'articolo 2-bis adempiono agli obblighi di

pubblicazione previsti dal presente decreto, indicati nell'Allegato B, mediante la comunicazione dei dati, delle informazioni o dei documenti dagli stessi detenuti all'amministrazione titolare della corrispondente banca dati e con la pubblicazione sul proprio sito istituzionale, nella sezione "Amministrazione trasparente", del collegamento ipertestuale, rispettivamente, alla banca dati contenente i relativi dati, informazioni o documenti, ferma restando la possibilità per le amministrazioni di continuare a pubblicare sul proprio sito i predetti dati purché identici a quelli comunicati alla banca dati.

3. Nel caso in cui sta stata omessa la pubblicazione, nelle banche dati, dei dati oggetto di comunicazione ai sensi del comma 2 ed effettivamente comunicati, la richiesta di accesso civico di cui all'articolo 5 è presentata al responsabile della prevenzione della corruzione e della trasparenza dell'amministrazione titolare della banca dati.

4. Qualora l'omessa pubblicazione dei dati da parte delle pubbliche amministrazioni di cui al comma 1 sia imputabile ai soggetti di cui al comma 2, la richiesta di accesso civico di cui

all'articolo 5 è presentata al responsabile della prevenzione della corruzione e della trasparenza.

Art. 10 – Coordinamento con il ~~Programma~~ piano triennale per la ~~trasparenza e l'integrità~~ prevenzione della corruzione
1. ~~Ogni amministrazione, sentite le associazioni rappresentate nel Consiglio nazionale dei consumatori e degli utenti, adotta un Programma triennale per la trasparenza e l'integrità, da aggiornare annualmente, che indica le iniziative previste per garantire:~~
~~a) un adeguato livello di trasparenza, anche sulla base delle linee guida elaborate dalla Commissione di cui all'articolo 13 del decreto legislativo 27 ottobre 2009, n. 150;~~
~~b) la legalità e lo sviluppo della cultura dell'integrità.~~ Ogni amministrazione indica, in un 'apposita sezione del Piano triennale per la prevenzione della corruzione di cui all'articolo 1, comma 5 della legge n. 190 del 2012, i responsabili della trasmissione e della pubblicazione dei documenti, delle informazioni e dei dati ai sensi del presente decreto.

2. ~~Il Programma triennale per la trasparenza e l'integrità, di cui al comma 1, definisce le misure, i modi e le iniziative volti all'attuazione degli obblighi di pubblicazione previsti dalla normativa vigente, ivi comprese le misure organizzative volte ad assicurare la regolarità e la tempestività dei flussi informativi di cui all'articolo 43, comma 3. Le misure del Programma triennale sono collegate, sotto l'indirizzo del responsabile, con le misure e gli interventi previsti dal Piano di prevenzione della corruzione. A tal fine, il Programma costituisce di norma una sezione del Piano di prevenzione della corruzione.~~

3. ~~Gli obiettivi indicati nel Programma triennale sono formulati in collegamento con la programmazione strategica e operativa dell'amministrazione, definita in via generale nel Piano della performance e negli analoghi strumenti di programmazione previsti negli enti locali. La promozione di maggiori livelli di trasparenza costituisce un'area strategica di ogni amministrazione, che deve tradursi nella definizione di obiettivi organizzativi e individuali.~~ La promozione di maggiori livelli di trasparenza costituisce un obiettivo strategico di ogni amministrazione, che deve

tradursi nella definizione di obiettivi organizzativi e individuali.

4. Le amministrazioni pubbliche garantiscono la massima trasparenza in ogni fase del ciclo di gestione della performance.

5. Ai fini della riduzione del costo dei servizi, dell'utilizzo delle tecnologie dell'informazione e della
comunicazione, nonché del conseguente risparmio sul costo del lavoro, le pubbliche amministrazioni provvedono annualmente ad individuare i servizi erogati, agli utenti sia finali che intermedi, ai sensi dell'articolo 10, comma 5, del decreto legislativo 7 agosto 1997, n. 279. Le amministrazioni provvedono altresì alla contabilizzazione dei costi e all'evidenziazione dei costi effettivi e di quelli imputati al personale per ogni servizio erogato, nonché al monitoraggio del loro andamento nel tempo, pubblicando i relativi dati ai sensi dell'articolo 32.

6. Ogni amministrazione presenta il Piano e la Relazione sulla performance di cui all'articolo 10, comma 1, lettere a) e b), del decreto legislativo n. 150 del 2009 alle associazioni di consumatori o utenti, ai centri di ricerca e a ogni altro osservatore qualificato, nell'ambito

di apposite giornate della trasparenza senza nuovi o maggiori oneri per la finanza pubblica.

7. ~~Nell'ambito del Programma triennale per la trasparenza e l'integrità sono specificate le modalità, i tempi di attuazione, le risorse dedicate e gli strumenti di verifica dell'efficacia delle iniziative di cui al comma 1.~~

8. Ogni amministrazione ha l'obbligo di pubblicare sul proprio sito istituzionale nella sezione:

«Amministrazione trasparente» di cui all'articolo 9:

a) ~~il Programma triennale per la trasparenza e l'integrità ed il relativo stato di attuazione~~ il Piano triennale per la prevenzione della corruzione;

b) il Piano e la Relazione di cui all'articolo 10 del decreto legislativo 27 ottobre 2009, n. 150;

c) i nominativi ed i curricula dei componenti degli organismi indipendenti di valutazione di cui all'articolo 14 del decreto legislativo n. 150 del 2009;

d) ~~i curricula e i compensi dei soggetti di cui all'articolo 15, comma 1, nonché i curricula dei titolari di posizioni organizzative, redatti in conformità al vigente modello europeo.~~

9. La trasparenza rileva, altresì, come dimensione principale ai fini della determinazione degli standard di qualità dei servizi pubblici da adottare con le carte dei servizi ai sensi dell'articolo 11 del decreto legislativo 30 luglio 1999, n. 286, così come modificato dall'articolo 28 del decreto legislativo 27 ottobre 2009, n. 150.

~~Art. 11 - Ambito soggettivo di applicazione~~
~~1. Ai fini del presente decreto per «pubbliche amministrazioni» si intendono tutte le amministrazioni di cui all'articolo 1, comma 2, del decreto legislativo 30 marzo 2001, n. 165, e successive modificazioni.~~
~~2. Alle società partecipate dalle pubbliche amministrazioni di cui al comma 1 e alle società da esse controllate ai sensi dell'articolo 2359 del codice civile si applicano, limitatamente alla attività di pubblico interesse disciplinata dal diritto nazionale o dell'Unione europea, le disposizioni dell'articolo 1, commi da 15 a 33, della legge 6 novembre 2012, n. 190.~~
~~3. Le autorità indipendenti di garanzia, vigilanza e regolazione provvedono all'attuazione di quanto previsto della~~

~~normativa vigente in materia di trasparenza secondo le disposizioni dei rispettivi ordinamenti.~~

Art. 12 - Obblighi di pubblicazione concernenti gli atti di carattere normativo e amministrativo generale
1. Fermo restando quanto previsto per le pubblicazioni nella Gazzetta Ufficiale della Repubblica italiana dalla legge 11 dicembre 1984, n. 839, e dalle relative norme di attuazione, le pubbliche amministrazioni pubblicano sui propri siti istituzionali i riferimenti normativi con i relativi link alle norme di legge statale pubblicate nella banca dati «Normattiva» che ne regolano l'istituzione, l'organizzazione e l'attività. Sono altresì pubblicati le direttive, le circolari, i programmi e le istruzioni emanati dall'amministrazione e ogni atto, previsto dalla legge o comunque adottato, che dispone in generale sulla organizzazione, sulle funzioni, sugli obiettivi, sui procedimenti ovvero nei quali si determina l'interpretazione di norme giuridiche che le riguardano o si dettano disposizioni per l'applicazione di esse, ivi compresi i codici di condotta, le misure integrative di prevenzione

della corruzione individuate ai sensi dell'articolo 1, comma 2-bis, della legge n. 190 del 2012, i documenti di programmazione strategico-gestionale e gli atti degli organismi indipendenti di valutazione.
2. Con riferimento agli statuti e alle norme di legge regionali, che regolano le funzioni, l'organizzazione e lo svolgimento delle attività di competenza dell'amministrazione, sono pubblicati gli estremi degli atti e dei testi ufficiali aggiornati.

Capo II
OBBLIGHI DI PUBBLICAZIONE CONCERNENTI L'ORGANIZZAZIONE E L'ATTIVITÀ DELLE PUBBLICHE AMMINISTRAZIONI

Art. 13 - Obblighi di pubblicazione concernenti l'organizzazione delle pubbliche amministrazioni
1. Le pubbliche amministrazioni pubblicano e aggiornano le informazioni e i dati concernenti la propria organizzazione, corredati dai documenti anche normativi di riferimento. Sono pubblicati, tra gli altri, i dati relativi:

a) agli organi di indirizzo politico e di amministrazione e gestione, con l'indicazione delle rispettive competenze;
b) all'articolazione degli uffici, le competenze ~~e le risorse a disposizione~~ di ciascun ufficio, anche di livello dirigenziale non generale, i nomi dei dirigenti responsabili dei singoli uffici;
c) all'illustrazione in forma semplificata, ai fini della piena accessibilità e comprensibilità dei dati, dell'organizzazione dell'amministrazione, mediante l'organigramma o analoghe rappresentazioni grafiche;
d) all'elenco dei numeri di telefono nonché delle caselle di posta elettronica istituzionali e delle caselle di posta elettronica certificata dedicate, cui il cittadino possa rivolgersi per qualsiasi richiesta inerente i compiti istituzionali.

Art. 14 - Obblighi di pubblicazione concernenti ~~i componenti degli organi di indirizzo politico~~ i titolari di incarichi politici, di amministrazione, di direzione o di governo e i titolari di incarichi dirigenziali
1. Con riferimento ai titolari di incarichi politici, ~~di carattere elettivo o comunque di~~

~~esercizio di poteri di indirizzo politico~~ anche se non di carattere elettivo, di livello statale regionale e locale, ~~le pubbliche amministrazioni pubblicano con riferimento a tutti i propri componenti,~~ lo Stato, le regioni e gli enti locali pubblicano i seguenti documenti ed informazioni:
a) l'atto di nomina o di proclamazione, con l'indicazione della durata dell'incarico o del mandato elettivo;
b) il curriculum;
c) i compensi di qualsiasi natura connessi all'assunzione della carica; gli importi di viaggi di servizio e missioni pagati con fondi pubblici;
d) i dati relativi all'assunzione di altre cariche, presso enti pubblici o privati, ed i relativi compensi a qualsiasi titolo corrisposti;
e) gli altri eventuali incarichi con oneri a carico della finanza pubblica e l'indicazione dei compensi spettanti;
f) le dichiarazioni di cui all'articolo 2, della legge 5 luglio 1982, n. 441, nonché le attestazioni e dichiarazioni di cui agli articoli 3 e 4 della medesima legge, come modificata dal presente decreto, limitatamente al soggetto, al coniuge non separato e ai parenti entro il secondo grado, ove gli stessi vi consentano.

Viene in ogni caso data evidenza al mancato consenso. Alle informazioni di cui alla presente lettera concernenti soggetti diversi dal titolare dell'organo di indirizzo politico non si applicano le disposizioni di cui all'articolo 7.

1-bis Le pubbliche amministrazioni pubblicano i dati di cui al comma 1 per i titolari di incarichi o cariche di amministrazione, di direzione o di governo comunque denominati, salvo che siano attribuiti a titolo gratuito, e per i titolari di incarichi dirigenziali, a qualsiasi titolo conferiti, ivi inclusi quelli conferiti discrezionalmente dall'organo di indirizzo senza procedure pubbliche di selezione.

1-ter Ciascun dirigente comunica all'amministrazione presso la quale presta servizio gli emolumenti complessivi percepiti a carico della finanza pubblica, anche in relazione a quanto previsto dall'articolo 13, comma 1, del decreto-legge 24 aprile 2014, n. 66, convertito, con modificazioni, dalla legge 23 giugno 2014, n. 89. L'amministrazione pubblica sul proprio sito istituzionale l'ammontare complessivo dei suddetti emolumenti per ciascun dirigente.

1-quater Negli atti di conferimento di incarichi dirigenziali e nei relativi contratti sono riportati gli obiettivi di trasparenza, finalizzati a rendere i dati pubblicati di immediata comprensione e consultazione per il cittadino, con particolare riferimento ai dati di bilancio sulle spese e ai costi del personale, da indicare sia in modo aggregato che analitico. Il mancato raggiungimento dei suddetti obiettivi determina responsabilità dirigenziale ai sensi dell'articolo 21 del decreto legislativo 30 marzo 2001, n. 165. Del mancato raggiungimento degli suddetti obiettivi si tiene conto ai fini del conferimento di successivi incarichi.

1-quinquies Gli obblighi di pubblicazione di cui al comma 1 si applicano anche ai titolari di posizioni organizzative a cui sono affidate deleghe ai sensi dell'articolo 17, comma 1-bis, del decreto legislativo n. 165 del 2001, nonché nei casi di cui all'articolo 4-bis, comma 2, del decreto-legge 19 giugno 2015, n. 78 e in ogni altro caso in cui sono svolte funzioni dirigenziali. Per gli altri titolari di posizioni organizzative è pubblicato il solo curriculum vitae.

2. ~~Le pubbliche amministrazioni pubblicano i dati cui al comma 1 entro tre mesi dalla elezione o dalla nomina e per i tre anni successivi dalla cessazione del mandato o~~

~~dell'incarico dei soggetti, salve le informazioni concernenti la situazione patrimoniale e, ove consentita, la dichiarazione del coniuge non separato e dei parenti entro il secondo grado, che vengono pubblicate fino alla cessazione dell'incarico o del mandato. Decorso il termine di pubblicazione ai sensi del presente comma le informazioni e i dati concernenti la situazione patrimoniale non vengono trasferiti nelle sezioni di archivio.~~ Le pubbliche amministrazioni pubblicano i dati cui ai commi 1 e 1-bis entro tre mesi dalla elezioni, dalla nomina o dal conferimento dell'incarico e per i tre anni successivi dalla cessazione del mandato o dell'incarico dei soggetti, salve le informazioni concernenti la situazione patrimoniale e, ove consentita, la dichiarazione del coniuge non separato e dei parenti entro il secondo grado, che vengono pubblicate fino alla cessazione dell'incarico o del mandato. Decorsi detti termini, i relativi dati e documenti sono accessibili ai sensi dell'articolo 5.

Art. 15 - Obblighi di pubblicazione concernenti i titolari di incarichi ~~dirigenziali~~ e di collaborazione o consulenza

1. ~~Fermi restando gli obblighi~~ Fermo restando quanto previsto dall'articolo 9-bis e fermi restando gli obblighi di comunicazione di cui all'articolo 17, comma 22, della legge 15 maggio 1997, n. 127, le pubbliche amministrazioni pubblicano e aggiornano le seguenti informazioni relative ai titolari di incarichi ~~amministrativi di vertice e di incarichi dirigenziali, a qualsiasi titolo conferiti, nonché~~ di collaborazione o consulenza:
a) gli estremi dell'atto di conferimento dell'incarico;
b) il curriculum vitae;
c) i dati relativi allo svolgimento di incarichi o la titolarità di cariche in enti di diritto privato regolati o finanziati dalla pubblica amministrazione o lo svolgimento di attività professionali;
d) i compensi, comunque denominati, relativi al rapporto ~~di lavoro,~~ di consulenza o di collaborazione, con specifica evidenza delle eventuali componenti variabili o legate alla valutazione del risultato.
2. La pubblicazione degli estremi degli atti di conferimento di incarichi dirigenziali a soggetti estranei alla pubblica amministrazione, di collaborazione o di consulenza a soggetti

esterni a qualsiasi titolo per i quali è previsto un compenso, completi di indicazione dei soggetti percettori, della ragione dell'incarico e dell'ammontare erogato, nonché la comunicazione alla Presidenza del Consiglio dei Ministri - Dipartimento della funzione pubblica dei relativi dati ai sensi dell'articolo 53, comma 14, secondo periodo, del decreto legislativo 30 marzo 2001, n. 165 e successive modificazioni, sono condizioni per l'acquisizione dell'efficacia dell'atto e per la liquidazione dei relativi compensi. Le amministrazioni pubblicano e mantengono aggiornati sui rispettivi siti istituzionali gli elenchi dei propri consulenti indicando l'oggetto,
la durata e il compenso dell'incarico. Il Dipartimento della funzione pubblica consente la consultazione, anche per nominativo, dei dati di cui al presente comma.

3. In caso di omessa pubblicazione di quanto previsto al comma 2, il pagamento del corrispettivo determina la responsabilità del dirigente che l'ha disposto, accertata all'esito del procedimento disciplinare, e comporta il pagamento di una sanzione pari alla somma corrisposta, fatto salvo il risarcimento del

danno del destinatario ove ricorrano le condizioni di cui all'articolo 30 del decreto legislativo 2 luglio 2010, n. 104.

4. Le pubbliche amministrazioni pubblicano i dati cui ai commi 1 e 2 entro tre mesi dal conferimento dell'incarico e per i tre anni successivi alla cessazione dell'incarico.

5. ~~Le pubbliche amministrazioni pubblicano e mantengono aggiornato l'elenco delle posizioni dirigenziali, integrato dai relativi titoli e curricula, attribuite a persone, anche esterne alle pubbliche amministrazioni, individuate discrezionalmente dall'organo di indirizzo politico senza procedure pubbliche di selezione, di cui all'articolo 1, commi 39 e 40, della legge 6 novembre 2012, n. 190.~~

Art. 15-bis - Obblighi di pubblicazione concernenti incarichi conferiti nelle società controllate

1. Fermo restando quanto previsto dall'articolo 9-bis, le società a controllo pubblico, nonché le società in regime di amministrazione straordinaria, ad esclusione delle società emittenti strumenti finanziari quotati nei mercati regolamentati e loro controllate, pubblicano, entro trenta giorni dal

conferimento di incarichi di collaborazione, di consulenza o di incarichi professionali, inclusi quelli arbitrali, e per i due anni successivi alla loro cessazione, le seguenti informazioni:
a) gli estremi dell'atto di conferimento dell'incarico, l'oggetto della prestazione, la ragione dell'incarico e la durata;
b) il curriculum vitae;
c) i compensi, comunque denominati, relativi al rapporto di consulenza o di collaborazione, nonché gli incarichi professionali, inclusi quelli arbitrali;
d) il tipo di procedura seguita per la selezione del contraente e il numero di partecipanti alla procedura.
2. La pubblicazione delle informazioni di cui al comma 1, relativamente ad incarichi per i quali è previsto un compenso, è condizione di efficacia per il pagamento stesso. In caso di omessa o parziale pubblicazione, il soggetto responsabile della pubblicazione ed il soggetto che ha effettuato il pagamento sono soggetti ad una sanzione pari alla somma corrisposta.

Art. 15-ter - Obblighi di pubblicazione concernenti gli amministratori e gli esperti nominati da organi giurisdizionali o amministrativi

1. L'albo di cui all'articolo 1 del decreto legislativo 4 febbraio 2010, n. 14 è tenuto con modalità informatiche ed è inserito in un'area pubblica dedicata del sito istituzionale del Ministero della giustizia. Nell'albo sono indicati, per ciascun iscritto, gli incarichi ricevuti, con precisazione dell'autorità che lo ha conferito e della relativa data di attribuzione e di cessazione, nonché gli acconti e il compenso finale liquidati. I dati di cui al periodo precedente sono inseriti nell'albo, a cura della cancellerie, entro quindici giorni dalla pronuncia del provvedimento. Il regolamento di cui all'articolo 10 del suddetto decreto legislativo n. 14 del 2010 stabilisce gli ulteriori dati che devono essere contenuti nell'albo.

2. L'Agenzia nazionale per l'amministrazione e la destinazione dei beni sequestrati e confiscati alla criminalità organizzata, di cui all'articolo 110 del decreto legislativo 6 settembre 2011, n. 159, pubblica sul proprio sito istituzionale gli incarichi conferiti ai tecnici e agli altri soggetti qualificati di cui all'articolo 38, comma 3,

dello stesso decreto legislativo n. 159 del 2011, nonché i compensi a ciascuno di essi liquidati.
3. Nel registro di cui all'articolo 28, quarto comma, del regio decreto 16 marzo 1942, n. 267, vengono altresì annotati i provvedimenti di liquidazione degli acconti e del compenso finale in favore di ciascuno dei soggetti di cui al medesimo articolo 28, quelli di chiusura del fallimento e di omologazione del concordato e quelli che attestano l'esecuzione del concordato, nonché l'ammontare dell'attivo e del passivo delle procedure chiuse.
4. Le prefetture pubblicano i provvedimenti di nomina e di quantificazione dei compensi degli amministratori e degli esperti nominati ai sensi dell'articolo 32 del decreto-legge 24 giugno 2014, n. 90.

Art. 16 - Obblighi di pubblicazione concernenti la dotazione organica e il costo del personale con rapporto di lavoro a tempo indeterminato
1. ~~Le pubbliche amministrazioni~~ Fermo restando quanto previsto dall'articolo 9-bis, le pubbliche amministrazioni pubblicano il conto annuale del personale e delle relative spese sostenute, di cui all'articolo 60, comma 2, del decreto legislativo 30 marzo 2001, n. 165,

nell'ambito del quale sono rappresentati i dati relativi alla dotazione organica e al personale effettivamente in servizio e al relativo costo, con l'indicazione della sua distribuzione tra le diverse qualifiche e aree professionali, con particolare riguardo al personale assegnato agli uffici di diretta collaborazione con gli organi di indirizzo politico.

2.- ~~Le pubbliche amministrazioni~~ Fermo restando quanto previsto dall'articolo 9-bis, le pubbliche amministrazioni, nell'ambito delle pubblicazioni di cui al comma 1, evidenziano separatamente, i dati relativi al costo complessivo del personale a tempo indeterminato in servizio, articolato per aree professionali, con particolare riguardo al personale assegnato agli uffici di diretta collaborazione con gli organi di indirizzo politico.

3. Le pubbliche amministrazioni pubblicano trimestralmente i dati relativi ai tassi di assenza del personale distinti per uffici di livello dirigenziale.

3-bis. Il Dipartimento della funzione pubblica della Presidenza del Consiglio dei ministri assicura adeguate forme di pubblicità dei processi di mobilità dei dipendenti delle pubbliche amministrazioni, anche attraverso la pubblicazione di dati identificativi dei soggetti interessati.

Art. 17 - Obblighi di pubblicazione dei dati relativi al personale non a tempo indeterminato
1. ~~Le pubbliche amministrazioni~~ Fermo restando quanto previsto dall'articolo 9-bis, le pubbliche amministrazioni pubblicano annualmente, nell'ambito di quanto previsto dall'articolo 16, comma 1, i dati relativi al personale con rapporto di lavoro non a tempo indeterminato, ~~con la indicazione delle diverse tipologie di rapporto, della distribuzione di questo personale tra le diverse qualifiche e aree professionali~~, ivi compreso il personale assegnato agli uffici di diretta collaborazione con gli organi di indirizzo politico. ~~La pubblicazione comprende l'elenco dei titolari dei contratti a tempo determinato.~~
2. ~~Le pubbliche amministrazioni~~ Fermo restando quanto previsto dall'articolo 9-bis, le pubbliche amministrazioni pubblicano trimestralmente i dati relativi al costo complessivo del personale di cui al comma 1, articolato per aree professionali, con particolare riguardo al personale assegnato agli uffici di

diretta collaborazione con gli organi di indirizzo politico.

Art. 18 - Obblighi di pubblicazione dei dati relativi agli incarichi conferiti ai dipendenti pubblici

1. ~~Le pubbliche amministrazioni~~ Fermo restando quanto previsto dall'articolo 9-bis, le pubbliche amministrazioni pubblicano l'elenco degli incarichi conferiti o autorizzati a ciascuno dei propri dipendenti, con l'indicazione della durata e del compenso spettante per ogni incarico.

Art. 19 - Bandi di concorso

1. Fermi restando gli altri obblighi di pubblicità legale, le pubbliche amministrazioni pubblicano i bandi di concorso per il reclutamento, a qualsiasi titolo, di personale presso l'amministrazione, nonché i criteri di valutazione della Commissione e le tracce delle prove scritte.

2. Le pubbliche amministrazioni pubblicano e tengono costantemente aggiornato l'elenco dei bandi in corso, ~~nonché quello dei bandi espletati nel corso dell'ultimo triennio, accompagnato dall'indicazione, per ciascuno di~~

~~essi, del numero dei dipendenti assunti e delle spese effettuate.~~

Art. 20 - Obblighi di pubblicazione dei dati relativi alla valutazione della performance e alla distribuzione dei premi al personale

1. Le pubbliche amministrazioni pubblicano i dati relativi all'ammontare complessivo dei premi collegati alla performance stanziati e l'ammontare dei premi effettivamente distribuiti.

2. ~~Le pubbliche amministrazioni pubblicano i dati relativi all'entità del premio mediamente conseguibile dal personale dirigenziale e non dirigenziale, i dati relativi alla distribuzione del trattamento accessorio, in forma aggregata, al fine di dare conto del livello di selettività utilizzato nella distribuzione dei premi e degli incentivi, nonché i dati relativi al grado di differenziazione nell'utilizzo della premialità sia per i dirigenti sia per i dipendenti.~~ Le pubbliche amministrazioni pubblicano i criteri definiti nei sistemi di misurazione e valutazione della performance per l'assegnazione del trattamento accessorio e i dati relativi alla sua distribuzione, in forma aggregata, al fine di dare conto del libello di

selettività utilizzato nella distribuzione dei premi e degli incentivi, nonché i dati relativi al grado di differenziazione dei premi e degli incentivi, nonché i dati relativi al grado di differenziazione nell'utilizzo della premialità sia per i dirigenti sia per i dipendenti.
3. ~~Le pubbliche amministrazioni pubblicano, altresì, i dati relativi ai livelli di benessere organizzativo.~~

Art. 21 - Obblighi di pubblicazione concernenti i dati sulla contrattazione collettiva
1. ~~Le pubbliche amministrazioni~~ Fermo restando quanto previsto dall'articolo 9-bis, le pubbliche amministrazioni pubblicano i riferimenti necessari per la consultazione dei contratti e accordi collettivi nazionali, che si applicano loro, nonché le eventuali interpretazioni autentiche.
2. Fermo restando quanto previsto dall'articolo 9-bis e dall'articolo 47, comma 8, del decreto legislativo 30 marzo 2001, n. 165, le pubbliche amministrazioni pubblicano i contratti integrativi stipulati, con la relazione tecnico-finanziaria e quella illustrativa certificate dagli organi di controllo di cui all'articolo 40-bis, comma 1, del decreto legislativo n. 165 del

2001, nonché le informazioni trasmesse annualmente ai sensi del comma 3 dello stesso articolo. La relazione illustrativa, fra l'altro, evidenzia gli effetti attesi in esito alla sottoscrizione del contratto integrativo in materia di produttività ed efficienza dei servizi erogati, anche in relazione alle richieste dei cittadini.

Art. 22 - Obblighi di pubblicazione dei dati relativi agli enti pubblici vigilati, e agli enti di diritto privato in controllo pubblico, nonché alle partecipazioni in società di diritto privato
1. ~~Ciascuna amministrazione~~ Fermo restando quanto previsto dall'articolo 9-bis, ciascuna amministrazione pubblica e aggiorna annualmente:
a) l'elenco degli enti pubblici, comunque denominati, istituiti, vigilati ~~e finanziati dalla amministrazione medesima ovvero~~ o finanziati dall'amministrazione medesima nonché di quelli per i quali l'amministrazione abbia il potere di nomina degli amministratori dell'ente, con l'elencazione delle funzioni attribuite e delle attività svolte in favore dell'amministrazione o delle attività di servizio pubblico affidate;

b) l'elenco delle società di cui detiene direttamente quote di partecipazione anche minoritaria indicandone l'entità, con l'indicazione delle funzioni attribuite e delle attività svolte in favore dell'amministrazione o delle attività di servizio pubblico affidate;
c) l'elenco degli enti di diritto privato, comunque denominati, in controllo dell'amministrazione, con l'indicazione delle funzioni attribuite e delle attività svolte in favore dell'amministrazione o delle attività di servizio pubblico affidate. Ai fini delle presenti disposizioni sono enti di diritto privato in controllo pubblico gli enti di diritto privato sottoposti a controllo da parte di amministrazioni pubbliche, oppure gli enti costituiti o vigilati da pubbliche amministrazioni nei quali siano a queste riconosciuti, anche in assenza di una partecipazione azionaria, poteri di nomina dei vertici o dei componenti degli organi;
d) una o più rappresentazioni grafiche che evidenziano i rapporti tra l'amministrazione e gli enti di cui al precedente comma.
d-bis) i provvedimenti in materia di costituzione di società a partecipazione pubblica, acquisto di partecipazioni in società

già costituite, gestione delle partecipazioni pubbliche, alienazione di partecipazioni sociali, quotazione di società a controllo pubblico in mercati regolamentati e razionalizzazione periodica delle partecipazioni pubbliche, previsti dal decreto legislativo adottato ai sensi dell'articolo 18 della legge 7 agosto 2015, n. 124.

2. ~~Per ciascuno degli enti~~ Fermo restando quanto previsto dall'articolo 9-bis, per ciascuno degli enti di cui alle lettere da a) a c) del comma 1 sono pubblicati i dati relativi alla ragione sociale, alla misura della eventuale partecipazione dell'amministrazione, alla durata dell'impegno, all'onere complessivo a qualsiasi titolo gravante per l'anno sul bilancio dell'amministrazione, al numero dei rappresentanti dell'amministrazione negli organi di governo, al trattamento economico complessivo a ciascuno di essi spettante, ai risultati di bilancio degli ultimi tre esercizi finanziari. Sono altresì pubblicati i dati relativi agli incarichi di amministratore dell'ente e il relativo trattamento economico complessivo.

3. Nel sito dell'amministrazione è inserito il collegamento con i siti istituzionali ~~degli enti~~ dei soggetti di cui al comma 1, ~~nei quali sono~~

~~pubblicati i dati relativi ai componenti degli organi di indirizzo e ai soggetti titolari di incarico, in applicazione degli articoli 14 e 15.~~
4. Nel caso di mancata o incompleta pubblicazione dei dati relativi agli enti di cui al comma 1, è vietata l'erogazione in loro favore di somme a qualsivoglia titolo da parte dell'amministrazione interessata ad esclusione dei pagamenti che le amministrazioni sono tenute ad erogare a fronte di obbligazioni contrattuali per prestazioni svolte in loro favore da parte di uno degli enti e società indicati nelle categoria di cui al comma 1, lettere da a) a c).
5. Le amministrazioni titolari di partecipazioni di controllo promuovono l'applicazione dei principi di trasparenza di cui ai commi 1, lettera b), e 2, da parte delle società direttamente controllate nei confronti delle società indirettamente controllate dalle medesime amministrazioni.
6. ~~Le disposizioni di cui al presente articolo non trovano applicazione nei confronti delle società, partecipate da amministrazioni pubbliche, quotate in mercati regolamentati e loro controllate~~ Le disposizioni di cui al presente articolo non trovano applicazione nei

confronti delle società, partecipate da amministrazioni pubbliche, con azioni quotate in mercati regolamentati italiani o di altri paesi dell'Unione europea, e loro controllate.

Art. 23 - Obblighi di pubblicazione concernenti i provvedimenti amministrativi

1. Le pubbliche amministrazioni pubblicano e aggiornano ogni sei mesi, in distinte partizioni della sezione «Amministrazione trasparente», gli elenchi dei provvedimenti adottati dagli organi di indirizzo politico e dai dirigenti, con particolare riferimento ai provvedimenti finali dei procedimenti di:

a) ~~autorizzazione o concessione;~~

b) scelta del contraente per l'affidamento di lavori, forniture e servizi, anche con riferimento alla modalità di selezione prescelta ai sensi del codice dei contratti pubblici, relativi a lavori, servizi e forniture, di cui al decreto legislativo ~~12 aprile 2006, n. 163~~ 18 aprile 2016, n. 50, fermo restando quanto previsto dall'articolo 9-bis;

c) ~~concorsi e prove selettive per l'assunzione del personale e progressioni di carriera di cui all'articolo 24 del decreto legislativo n. 150 del 2009;~~

d) accordi stipulati dall'amministrazione con soggetti privati o con altre amministrazioni pubbliche ai sensi degli articoli 11 e 15 della legge 7 agosto 1990, n. 241.

2. ~~Per ciascuno dei provvedimenti compresi negli elenchi di cui al comma 1 sono pubblicati il contenuto, l'oggetto, la eventuale spesa prevista e gli estremi relativi ai principali documenti contenuti nel fascicolo relativo al procedimento. La pubblicazione avviene nella forma di una scheda sintetica, prodotta automaticamente in sede di formazione del documento che contiene l'atto.~~

~~Art. 24 – Obblighi di pubblicazione dei dati aggregati relativi all'attività amministrativa~~
~~1. Le pubbliche amministrazioni che organizzano, a fini conoscitivi e statistici, i dati relativi alla propria attività amministrativa, in forma aggregata, per settori di attività, per competenza degli organi e degli uffici, per tipologia di procedimenti, li pubblicano e li tengono costantemente aggiornati.~~
~~2. Le amministrazioni pubblicano e rendono consultabili i risultati del monitoraggio periodico concernente il rispetto dei tempi procedimentali effettuato ai sensi dell'articolo~~

~~1, comma 28, della legge 6 novembre 2012, n. 190.~~

~~Art. 25 - Obblighi di pubblicazione concernenti i controlli sulle imprese~~
~~1. Le pubbliche amministrazioni, in modo dettagliato e facilmente comprensibile, pubblicano sul proprio sito istituzionale e sul sito: www.impresainungiorno.gov.it:~~
~~a) l'elenco delle tipologie di controllo a cui sono assoggettate le imprese in ragione della dimensione e del settore di attività, indicando per ciascuna di esse i criteri e le relative modalità di svolgimento;~~
~~b) l'elenco degli obblighi e degli adempimenti oggetto delle attività di controllo che le imprese sono tenute a rispettare per ottemperare alle disposizioni normative.~~

Art. 26 - Obblighi di pubblicazione degli atti di concessione di sovvenzioni, contributi, sussidi e attribuzione di vantaggi economici a persone fisiche ed enti pubblici e privati
1. Le pubbliche amministrazioni pubblicano gli atti con i quali sono determinati, ai sensi dell'articolo 12 della legge 7 agosto 1990, n. 241, i criteri e le modalità cui le

amministrazioni stesse devono attenersi per la concessione di sovvenzioni, contributi, sussidi ed ausili finanziari e per l'attribuzione di vantaggi economici di qualunque genere a persone ed enti pubblici e privati.
2. Le pubbliche amministrazioni pubblicano gli atti di concessione delle sovvenzioni, contributi, sussidi ed ausili finanziari alle imprese, e comunque di vantaggi economici di qualunque genere a persone ed enti pubblici e privati ai sensi del citato articolo 12 della legge n. 241 del 1990, di importo superiore a mille euro.
3. La pubblicazione ai sensi del presente articolo costituisce condizione legale di efficacia dei
provvedimenti che dispongano concessioni e attribuzioni di importo complessivo superiore a mille euro nel corso dell'anno solare al medesimo beneficiario; ~~la sua eventuale omissione o incompletezza è rilevata d'ufficio dagli organi dirigenziali, sotto la propria responsabilità amministrativa, patrimoniale e contabile per l'indebita concessione o attribuzione del beneficio economico~~. La mancata, incompleta o ritardata pubblicazione rilevata d'ufficio dagli organi di controllo è

altresì rilevabile dal destinatario della prevista concessione o attribuzione e da chiunque altro abbia interesse, anche ai fini del risarcimento del danno da ritardo da parte dell'amministrazione, ai sensi dell'articolo 30 del decreto legislativo 2 luglio 2010, n. 104.
4. è esclusa la pubblicazione dei dati identificativi delle persone fisiche destinatarie dei provvedimenti di cui al presente articolo, qualora da tali dati sia possibile ricavare informazioni relative allo stato di salute ovvero alla situazione di disagio economico-sociale degli interessati.

Art. 27 - Obblighi di pubblicazione dell'elenco dei soggetti beneficiari
1. La pubblicazione di cui all'articolo 26, comma 2, comprende necessariamente, ai fini del comma 3 del medesimo articolo:
a) il nome dell'impresa o dell'ente e i rispettivi dati fiscali o il nome di altro soggetto beneficiario;
b) l'importo del vantaggio economico corrisposto;
c) la norma o il titolo a base dell'attribuzione;

d) l'ufficio e il funzionario o dirigente responsabile del relativo procedimento amministrativo;
e) la modalità seguita per l'individuazione del beneficiario;
f) il link al progetto selezionato e al curriculum del soggetto incaricato.
2. Le informazioni di cui al comma 1 sono riportate, nell'ambito della sezione «Amministrazione trasparente» e secondo modalità di facile consultazione, in formato tabellare aperto che ne consente l'esportazione, il trattamento e il riutilizzo ai sensi dell'articolo 7 e devono essere organizzate annualmente in unico elenco per singola amministrazione.

Art. 28 - Pubblicità dei rendiconti dei gruppi consiliari regionali e provinciali
1. ~~Le regioni, le province~~ Fermo restando quanto previsto dall'articolo 9-bis, le regioni, le province autonome di Trento e Bolzano e le province pubblicano i rendiconti di cui all'articolo 1, comma 10, del decreto-legge 10 ottobre 2012, n. 174, convertito, con modificazioni, dalla legge 7 dicembre 2012, n. 213, dei gruppi consiliari regionali e provinciali, con evidenza delle risorse trasferite

o assegnate a ciascun gruppo, con indicazione del titolo di trasferimento e dell'impiego delle risorse utilizzate. Sono altresì pubblicati gli atti e le relazioni degli organi di controllo.

2. La mancata pubblicazione dei rendiconti comporta la riduzione del 50 per cento delle risorse da trasferire o da assegnare nel corso dell'anno.

Capo III
OBBLIGHI DI PUBBLICAZIONE CONCERNENTI L'USO DELLE RISORSE PUBBLICHE

Art. 29 - Obblighi di pubblicazione del bilancio, preventivo e consuntivo, e del Piano degli indicatori e risultati attesi di bilancio, nonché dei dati concernenti il monitoraggio degli obiettivi

1. ~~Le pubbliche amministrazioni~~ Fermo restando quanto previsto dall'articolo 9-bis, le pubbliche amministrazioni pubblicano i dati relativi al bilancio di previsione e a quello consuntivo di ciascun anno in forma sintetica, aggregata e semplificata, anche con il ricorso a rappresentazioni grafiche, al fine di assicurare la piena accessibilità e comprensibilità.

2. Le pubbliche amministrazioni pubblicano il Piano di cui all'articolo 19 del decreto legislativo 31 maggio 2011, n. 91, con le integrazioni e gli aggiornamenti di cui all'articolo 22 del medesimo decreto legislativo n.
91 del 2011.

Art. 30 - Obblighi di pubblicazione concernenti i beni immobili e la gestione del patrimonio
1. ~~Le pubbliche amministrazioni~~ Fermo restando quanto previsto dall'articolo 9-bis, le pubbliche amministrazioni pubblicano le informazioni identificative degli immobili posseduti e di quelli detenuti, nonché i canoni di locazione o di affitto versati o percepiti.

Art. 31 - Obblighi di pubblicazione concernenti i dati relativi ai controlli sull'organizzazione e sull'attività dell'amministrazione
1. ~~Le pubbliche amministrazioni pubblicano, unitamente agli atti cui si riferiscono, i rilievi non recepiti degli organi di controllo interno, degli organi di revisione amministrativa e contabile e tutti i rilievi ancorché recepiti della Corte dei conti, riguardanti l'organizzazione e l'attività dell'amministrazione o di singoli~~

~~uffici.~~ Le pubbliche amministrazioni pubblicano gli atti degli organismi indipendenti di valutazione o nuclei di valutazione, procedendo all'indicazione in forma anonima dei dati personali eventualmente presenti. Pubblicano, inoltre, la relazione degli organi di revisione amministrativa e contabile al bilancio di previsione o budget, alle relative variazioni e al conto consuntivo o bilancio di esercizio nonché tutti i i rilievi ancorché non recepiti della Corte di conti riguardanti l'organizzazione e l'attività delle amministrazioni stesse e dei loro uffici.

Capo IV
OBBLIGHI DI PUBBLICAZIONE CONCERNENTI LE PRESTAZIONI OFFERTE E I SERVIZI EROGATI

Art. 32 - Obblighi di pubblicazione concernenti i servizi erogati
1. Le pubbliche amministrazioni e i gestori di pubblici servizi pubblicano la carta dei servizi o il documento contenente gli standard di qualità dei servizi pubblici.

2. Le pubbliche amministrazioni e i gestori di pubblici servizi, individuati i servizi erogati agli utenti, sia finali che intermedi, ai sensi dell'articolo 10, comma 5, pubblicano:
a) i costi contabilizzati, ~~evidenziando quelli effettivamente sostenuti e quelli imputati al personale per ogni servizio erogato~~ e il relativo andamento nel tempo;
b) ~~i tempi medi di erogazione dei servizi, con riferimento all'esercizio finanziario precedente~~.

Art. 33 - Obblighi di pubblicazione concernenti i tempi di pagamento dell'amministrazione
1. ~~Le pubbliche amministrazioni~~ Fermo restando quanto previsto dall'articolo 9-bis, le pubbliche amministrazioni pubblicano, con cadenza annuale, un indicatore dei propri tempi medi di pagamento relativi agli acquisti di beni, servizi, prestazioni professionali e forniture, denominato: «indicatore di tempestività dei pagamenti», nonché l'ammontare complessivo dei debiti e il numero delle imprese creditrici.

~~Art. 34 - Trasparenza degli oneri informativi~~
~~1. I regolamenti ministeriali o interministeriali, nonché i provvedimenti amministrativi a carattere generale adottati dalle~~

~~amministrazioni dello Stato per regolare l'esercizio di poteri autorizzatori, concessori o certificatori, nonché l'accesso ai servizi pubblici ovvero la concessione di benefici, recano in allegato l'elenco di tutti gli oneri informativi gravanti sui cittadini e sulle imprese introdotti o eliminati con gli atti medesimi. Per onere informativo si intende qualunque obbligo informativo o adempimento che comporti la raccolta, l'elaborazione, la trasmissione, la conservazione e la produzione di informazioni e documenti alla pubblica amministrazione.~~
~~2. Ferma restando, ove prevista, la pubblicazione nella Gazzetta Ufficiale, gli atti di cui al comma 1 sono pubblicati sui siti istituzionali delle amministrazioni, secondo i criteri e le modalità definite con il regolamento di cui all'articolo 7, commi 2 e 4, della legge 11 novembre 2011, n. 180.~~

Art. 35 - Obblighi di pubblicazione relativi ai procedimenti amministrativi e ai controlli sulle dichiarazioni sostitutive e l'acquisizione d'ufficio dei dati
1. Le pubbliche amministrazioni pubblicano i dati relativi alle tipologie di procedimento di

propria competenza. Per ciascuna tipologia di procedimento sono pubblicate le seguenti informazioni:
a) una breve descrizione del procedimento con indicazione di tutti i riferimenti normativi utili;
b) l'unità organizzativa responsabile dell'istruttoria;
c) ~~il nome del responsabile~~ l'ufficio del procedimento, unitamente ai recapiti telefonici e alla casella di posta elettronica istituzionale, nonché, ove diverso, l'ufficio competente all'adozione del provvedimento finale, con l'indicazione del nome del responsabile dell'ufficio, unitamente ai rispettivi recapiti telefonici e alla casella di posta elettronica istituzionale;
d) per i procedimenti ad istanza di parte, gli atti e i documenti da allegare all'istanza e la modulistica necessaria, compresi i fac-simile per le autocertificazioni, anche se la produzione a corredo dell'istanza è prevista da norme di legge, regolamenti o atti pubblicati nella Gazzetta Ufficiale, nonché gli uffici ai quali rivolgersi per informazioni, gli orari e le modalità di accesso con indicazione degli indirizzi, dei recapiti telefonici e delle caselle

di posta elettronica istituzionale, a cui presentare le istanze;
e) le modalità con le quali gli interessati possono ottenere le informazioni relative ai procedimenti in corso che li riguardino;
f) il termine fissato in sede di disciplina normativa del procedimento per la conclusione con l'adozione di un provvedimento espresso e ogni altro termine procedimentale rilevante;
g) i procedimenti per i quali il provvedimento dell'amministrazione può essere sostituito da una dichiarazione dell'interessato, ovvero il procedimento può concludersi con il silenzio assenso dell'amministrazione;
h) gli strumenti di tutela, amministrativa e giurisdizionale, riconosciuti dalla legge in favore dell'interessato, nel corso del procedimento e nei confronti del provvedimento finale ovvero nei casi di adozione del provvedimento oltre il termine predeterminato per la sua conclusione e i modi per attivarli;
i) il link di accesso al servizio on line, ove sia già disponibile in rete, o i tempi previsti per la sua attivazione;

l) le modalità per l'effettuazione dei pagamenti eventualmente necessari, con le informazioni di cui all'articolo 36;

m) il nome del soggetto a cui è attribuito, in caso di inerzia, il potere sostitutivo, nonché le modalità per attivare tale potere, con indicazione dei recapiti telefonici e delle caselle di posta elettronica istituzionale;

n) ~~i risultati delle indagini di customer satisfaction condotte sulla qualità dei servizi erogati attraverso diversi canali, facendone rilevare il relativo andamento.~~

2. Le pubbliche amministrazioni non possono richiedere l'uso di moduli e formulari che non siano stati pubblicati; in caso di omessa pubblicazione, i relativi procedimenti possono essere avviati anche in assenza dei suddetti moduli o formulari. L'amministrazione non può respingere l'istanza adducendo il mancato utilizzo dei moduli o formulari o la mancata produzione di tali atti o documenti, e deve invitare l'istante a integrare la documentazione in un termine congruo.

3. Le pubbliche amministrazioni pubblicano nel sito istituzionale:

a) i recapiti telefonici e la casella di posta elettronica istituzionale dell'ufficio responsabile per le attività volte a gestire, garantire e verificare la trasmissione dei dati o l'accesso diretto agli stessi da parte delle amministrazioni procedenti ai sensi degli articoli 43, 71 e 72 del decreto del Presidente della Repubblica 28 dicembre 2000, n. 445;

b) ~~le convenzioni-quadro volte a disciplinare le modalità di accesso ai dati di cui all'articolo 58 del codice dell'amministrazione digitale, di cui al decreto legislativo 7 marzo 2005, n. 82;~~

c) ~~le ulteriori modalità per la tempestiva acquisizione d'ufficio dei dati nonché per lo svolgimento dei controlli sulle dichiarazioni sostitutive da parte delle amministrazioni procedenti.~~

Art. 36 - Pubblicazione delle informazioni necessarie per l'effettuazione di pagamenti informatici

1. Le pubbliche amministrazioni pubblicano e specificano nelle richieste di pagamento i dati e le informazioni di cui all'articolo 5 del decreto legislativo 7 marzo 2005, n. 82.

Capo V
OBBLIGHI DI PUBBLICAZIONE IN SETTORI SPECIALI

Art. 37 - Obblighi di pubblicazione concernenti i contratti pubblici di lavori, servizi e forniture
1. ~~Fermo restando gli altri obblighi di pubblicità legale e, in particolare, quelli previsti dall'articolo 1, comma 32, della legge 6 novembre 2012, n. 190, ciascuna amministrazione pubblica, secondo quanto previsto dal decreto legislativo 12 aprile 2006, n. 163, e, in particolare, dagli articoli 63, 65, 66, 122, 124, 206 e 223, le informazioni relative alle procedure per l'affidamento e l'esecuzione di opere e lavori pubblici, servizi e forniture.~~ Fermo restando quanto previsto dall'articolo 9-bis e fermi restando gli obblighi di pubblicità legale, le pubbliche amministrazioni e le stazioni appaltanti pubblicano:
a) i dati previsti dall'articolo 1, comma 32, della legge 6 novembre 2012, n. 190;
b) gli atti e le informazioni oggetto di pubblicazione ai sensi del decreto legislativo 18 aprile 2016, n. 50.

2. ~~Le pubbliche amministrazioni sono tenute altresì a pubblicare, nell'ipotesi di cui all'articolo 57, comma 6, del decreto legislativo 12 aprile 2006, n. 163, la delibera a contrarre.~~ Ai sensi dell'articolo 9-bis, gli obblighi di pubblicazione di cui alla lettera a) si intendono assolti, attraverso l'invio dei medesimi dati alla banca dati delle amministrazioni pubbliche ai sensi dell'articolo 2 del decreto legislativo 29 dicembre 2011, n. 229, limitatamente alla parte lavori.

Art. 38 - Pubblicità dei processi di pianificazione, realizzazione e valutazione delle opere pubbliche

1. ~~Le pubbliche amministrazioni~~ Fermo restando quanto previsto dall'articolo 9-bis, le pubbliche amministrazioni pubblicano ~~tempestivamente~~ sui propri siti istituzionali: i documenti di programmazione anche pluriennale delle opere pubbliche di competenza dell'amministrazione, le linee guida per la valutazione degli investimenti; le relazioni annuali; ogni altro documento predisposto nell'ambito della valutazione, ivi inclusi i pareri dei valutatori che si discostino dalle scelte delle amministrazioni e gli esiti

delle valutazioni ex post che si discostino dalle valutazioni ~~ex ante~~; le informazioni relative ai Nuclei di valutazione e verifica degli investimenti pubblici di cui all'articolo 1 della legge 17 maggio 1999, n. 144, incluse le funzioni e i compiti specifici ad essi attribuiti, le procedure e i criteri di individuazione dei componenti e i loro nominativi.

2. ~~Le pubbliche amministrazioni pubblicano, fermi restando gli obblighi di pubblicazione di cui all'articolo 128 del decreto legislativo 12 aprile 2006, n. 163, le informazioni relative ai tempi, ai costi unitari e agli indicatori di realizzazione delle opere pubbliche completate. Le informazioni sui costi sono pubblicate sulla base di uno schema tipo redatto dall'Autorità per la vigilanza sui contratti pubblici di lavori, servizi e forniture, che ne cura altresì la raccolta e la pubblicazione nel proprio sito web istituzionale al fine di consentirne una agevole comparazione.~~ Fermi restando gli obblighi di pubblicazione di cui all'articolo 21 del decreto legislativo 18 aprile 2016, n. 50, le pubbliche amministrazioni pubblicano tempestivamente gli atti di programmazione delle opere pubbliche, nonché le informazioni relative ai tempi, ai costi unitari e agli indicatori di

realizzazione delle opere pubbliche in corso o completate. Le informazioni sono pubblicate sulla base di uno schema tipo redatto dal Ministero dell'economia e delle finanze d'intesa con l'Autorità nazionale anticorruzione, che ne curano altresì la raccolta e la pubblicazione nei propri siti web istituzionali al fine di consentirne una agevole comparazione.

2-bis. Per i Ministeri, gli atti di programmazione di cui al comma 2 sono quelli indicati dall'articolo 2 del decreto legislativo 29 dicembre 2011, n. 228.

Art. 39 - Trasparenza dell'attività di pianificazione e governo del territorio

1. Le pubbliche amministrazioni pubblicano:

a) gli atti di governo del territorio, quali, tra gli altri, piani territoriali, piani di coordinamento, piani paesistici, strumenti urbanistici, generali e di attuazione, nonché le loro varianti;

b) ~~per ciascuno degli atti di cui alla lettera a) sono pubblicati, tempestivamente, gli schemi di provvedimento prima che siano portati all'approvazione; le delibere di adozione o approvazione; i relativi allegati tecnici.~~

2. La documentazione relativa a ciascun procedimento di presentazione e approvazione delle proposte di trasformazione urbanistica d'iniziativa privata o pubblica in variante allo strumento urbanistico generale comunque denominato vigente nonché delle proposte di trasformazione urbanistica d'iniziativa privata o pubblica in attuazione dello strumento urbanistico generale vigente che comportino premialità edificatorie a fronte dell'impegno dei privati alla realizzazione di opere di urbanizzazione extra oneri o della cessione di aree o volumetrie per finalità di pubblico interesse è pubblicata in una sezione apposita nel sito del comune interessato, continuamente aggiornata.
3. La pubblicità degli atti di cui al comma 1, lettera a), è condizione per l'acquisizione dell'efficacia degli atti stessi.
4. Restano ferme le discipline di dettaglio previste dalla vigente legislazione statale e regionale.

Art. 40 - Pubblicazione e accesso alle informazioni ambientali
1. In materia di informazioni ambientali restano ferme le disposizioni di maggior tutela

già previste dall'articolo 3-sexies del decreto legislativo 3 aprile 2006 n. 152, dalla legge 16 marzo 2001, n. 108, nonché dal decreto legislativo 19 agosto 2005 n. 195.
2. Le amministrazioni di cui all'articolo 2, comma 1, lettera b), del decreto legislativo n. 195 del 2005, pubblicano, sui propri siti istituzionali e in conformità a quanto previsto dal presente decreto, le informazioni ambientali di cui all'articolo 2, comma 1, lettera a), del decreto legislativo 19 agosto 2005, n. 195, che detengono ai fini delle proprie attività istituzionali, nonché le relazioni di cui all'articolo 10 del medesimo decreto legislativo. Di tali informazioni deve essere dato specifico rilievo all'interno di un'apposita sezione detta «Informazioni ambientali».
3. Sono fatti salvi i casi di esclusione del diritto di accesso alle informazioni ambientali di cui all'articolo 5 del decreto legislativo 19 agosto 2005, n. 195.
4. L'attuazione degli obblighi di cui al presente articolo non è in alcun caso subordinata alla stipulazione degli accordi di cui all'articolo 11 del decreto legislativo 19 agosto 2005, n. 195. Sono fatti salvi gli effetti degli accordi eventualmente già stipulati, qualora assicurino

livelli di informazione ambientale superiori a quelli garantiti dalle disposizioni del presente decreto. Resta fermo il potere di stipulare ulteriori accordi ai sensi del medesimo articolo 11, nel rispetto dei livelli di informazione ambientale garantiti dalle disposizioni del presente decreto.

Art. 41 - Trasparenza del servizio sanitario nazionale

1. Le amministrazioni e gli enti del servizio sanitario nazionale, dei servizi sanitari regionali, ivi comprese le aziende sanitarie territoriali ed ospedaliere, le agenzie e gli altri enti ed organismi pubblici che svolgono attività di programmazione e fornitura dei servizi sanitari, sono tenute all'adempimento di tutti gli obblighi di pubblicazione previsti dalla normativa vigente.

1-bis. Le amministrazioni di cui al comma 1 pubblicano altresì, nei loro siti istituzionali, i dati relativi a tutte le spese e a tutti i pagamenti effettuati, distinti per tipologia di lavoro, bene o servizio, e ne permettono la consultazione, in forma sintetica e aggregata, in relazione alla tipologia di spesa sostenuta, all'ambito temporale di riferimento e ai beneficiari.

2. Le aziende sanitarie ed ospedaliere pubblicano tutte le informazioni e i dati concernenti le procedure di conferimento degli incarichi di direttore generale, direttore sanitario e direttore amministrativo, nonché degli incarichi di responsabile di dipartimento e di strutture semplici e complesse, ivi compresi i bandi e gli avvisi di selezione, lo svolgimento delle relative procedure, gli atti di conferimento.

3 Alla dirigenza sanitaria di cui al comma 2, ~~fatta eccezione per i responsabili di strutture semplici~~, si applicano gli obblighi di pubblicazione di cui all'articolo 15. Per attività professionali, ai sensi del comma 1, lettera c) dell'articolo 15, si intendono anche le prestazioni professionali svolte in regime intramurario.

4. È pubblicato e annualmente aggiornato l'elenco delle strutture sanitarie private accreditate. Sono altresì pubblicati gli accordi con esse intercorsi.

5. Le regioni includono il rispetto di obblighi di pubblicità previsti dalla normativa vigente fra i requisiti necessari all'accreditamento delle strutture sanitarie.

6. Gli enti, le aziende e le strutture pubbliche e private che erogano prestazioni per conto del servizio sanitario sono tenuti ad indicare nel proprio sito, in una apposita sezione denominata «Liste di attesa», i criteri di formazione delle liste di attesa, i tempi di attesa previsti e i tempi medi effettivi di attesa per ciascuna tipologia di prestazione erogata.

Art. 42 - Obblighi di pubblicazione concernenti gli interventi straordinari e di emergenza che comportano deroghe alla legislazione vigente
1. Le pubbliche amministrazioni che adottano provvedimenti contingibili e urgenti e in generale
provvedimenti di carattere straordinario in caso di calamità naturali o di altre emergenze, ivi comprese le amministrazioni commissariali e straordinarie costituite in base alla legge 24 febbraio 1992, n. 225, o a provvedimenti legislativi di urgenza, pubblicano:
a) i provvedimenti adottati, con la indicazione espressa delle norme di legge eventualmente derogate e dei motivi della deroga, nonché l'indicazione di eventuali atti amministrativi o giurisdizionali intervenuti;

b) i termini temporali eventualmente fissati per l'esercizio dei poteri di adozione dei provvedimenti straordinari;

c) il costo previsto degli interventi e il costo effettivo sostenuto dall'amministrazione;

d) ~~le particolari forme di partecipazione degli interessati ai procedimenti di adozione dei provvedimenti straordinari.~~

Capo VI
VIGILANZA SULL'ATTUAZIONE DELLE DISPOSIZIONI E SANZIONI

Art. 43 - Responsabile per la trasparenza

1. All'interno di ogni amministrazione il responsabile per la prevenzione della corruzione, di cui all'articolo 1, comma 7, della legge 6 novembre 2012, n. 190, svolge, di norma, le funzioni di Responsabile per la trasparenza, di seguito «Responsabile», e il suo nominativo è indicato nel ~~Programma triennale per la trasparenza e l'integrità~~ Programma triennale per la prevenzione della corruzione. Il responsabile svolge stabilmente un'attività di controllo sull'adempimento da parte dell'amministrazione degli obblighi di pubblicazione previsti dalla normativa vigente,

assicurando la completezza, la chiarezza e l'aggiornamento delle informazioni pubblicate, nonché segnalando all'organo di indirizzo politico, all'Organismo indipendente di valutazione (OIV), all'Autorità nazionale anticorruzione e, nei casi più gravi, all'ufficio di disciplina i casi di mancato o ritardato adempimento degli obblighi di pubblicazione.

2. ~~Il responsabile provvede all'aggiornamento del Programma triennale per la trasparenza e l'integrità, all'interno del quale sono previste specifiche misure di monitoraggio sull'attuazione degli obblighi di trasparenza e ulteriori misure e iniziative di promozione della trasparenza in rapporto con il Piano anticorruzione.~~

3. I dirigenti responsabili degli uffici dell'amministrazione garantiscono il tempestivo e regolare flusso delle informazioni da pubblicare ai fini del rispetto dei termini stabiliti dalla legge.

4. ~~Il responsabile controlla e assicura la regolare attuazione dell'accesso civico sulla base di quanto stabilito dal presente decreto.~~ I dirigenti responsabili dell'amministrazione e il responsabile per la trasparenza controllano e assicurano la regolare attuazione dell'accesso

civico sulla base di quanto stabilito dal presente decreto.

5. In relazione alla loro gravità, il responsabile segnala i casi di inadempimento o di adempimento parziale degli obblighi in materia di pubblicazione previsti dalla normativa vigente, all'ufficio di disciplina, ai fini dell'eventuale attivazione del procedimento disciplinare. Il responsabile segnala altresì gli inadempimenti al vertice politico dell'amministrazione, all'OIV ai fini dell'attivazione delle altre forme di responsabilità.

Art. 44 - Compiti degli organismi indipendenti di valutazione

1. L'organismo indipendente di valutazione verifica la coerenza tra gli obiettivi previsti nel ~~Programma triennale per la trasparenza e l'integrità di cui all'articolo 10~~ Piano triennale per la prevenzione della corruzione e quelli indicati nel Piano della performance, valutando altresì l'adeguatezza dei relativi indicatori. I soggetti deputati alla misurazione e valutazione delle performance, nonché l'OIV, utilizzano le informazioni e i dati relativi all'attuazione degli obblighi di trasparenza ai fini della misurazione

e valutazione delle performance sia organizzativa, sia individuale del responsabile e dei dirigenti dei singoli uffici responsabili della trasmissione dei dati.

Art. 45 - Compiti della Commissione per la valutazione, l'integrità e la trasparenza delle pubbliche amministrazioni (CIVIT)
1. ~~La CIVIT, anche in qualità di Autorità nazionale anticorruzione,~~ L'Autorità nazionale anticorruzione controlla l'esatto adempimento degli obblighi di pubblicazione previsti dalla normativa vigente, esercitando poteri ispettivi mediante richiesta di notizie, informazioni, atti e documenti alle amministrazioni pubbliche e ordinando ~~l'adozione di atti o provvedimenti richiesti dalla normativa vigente, ovvero la rimozione di comportamenti o atti contrastanti con i piani e le regole sulla trasparenza~~ di procedere, entro un termine non superiore a trenta giorni, alla pubblicazione di dati, documenti e informazioni ai sensi del presente decreto, all'adozione di atti o provvedimenti richiesti dalla normativa vigente ovvero alla rimozione di comportamenti o atti contrastanti con i piani e le regole sulla trasparenza.

2. ~~La CIVIT, anche in qualità di Autorità nazionale anticorruzione,~~ L'Autorità nazionale anticorruzione controlla l'operato dei responsabili per la trasparenza a cui può chiedere il rendiconto sui risultati del controllo svolto all'interno delle amministrazioni. ~~La CIVIT~~ L'Autorità nazionale anticorruzione può inoltre chiedere all'organismo indipendente di valutazione (OIV) ulteriori informazioni sul controllo dell'esatto adempimento degli obblighi di trasparenza previsti dalla normativa vigente.

3. ~~La CIVIT~~ L'Autorità nazionale anticorruzione può inoltre avvalersi delle banche dati istituite presso la Presidenza del Consiglio dei Ministri - Dipartimento della funzione pubblica per il monitoraggio degli adempimenti degli obblighi di pubblicazione previsti dalla normativa vigente.

4. ~~In relazione alla loro gravità, la CIVIT segnala i casi di inadempimento o di adempimento parziale degli obblighi di pubblicazione previsti dalla normativa vigente all'ufficio di disciplina dell'amministrazione interessata ai fini dell'eventuale attivazione del procedimento disciplinare a carico del responsabile o del dirigente tenuto alla~~

~~trasmissione delle informazioni.~~ Il mancato rispetto dell'obbligo di pubblicazione di cui al comma 1 costituisce illecito disciplinare. L'Autorità nazionale anticorruzione segnala l'illecito all'ufficio di cui all'articolo 55-bis, comma 4, del decreto legislativo 30 marzo 2001, n. 165, dell'amministrazione interessata ai fini dell'attivazione del procedimento disciplinare a carico del responsabile della pubblicazione o del dirigente tenuto alla trasmissione delle informazioni.

~~La CIVIT~~ L'Autorità nazionale anticorruzione segnala altresì gli inadempimenti ai vertici politici delle amministrazioni, agli OIV e, se del caso, alla Corte dei conti, ai fini dell'attivazione delle altre forme di responsabilità. ~~La CIVIT~~ L'Autorità nazionale anticorruzione rende pubblici i relativi provvedimenti. ~~La CIVIT~~ L'Autorità nazionale anticorruzione, inoltre, controlla e rende noti i casi di mancata attuazione degli obblighi di pubblicazione di cui all'articolo 14 del presente decreto, pubblicando i nominativi dei soggetti interessati per i quali non si è proceduto alla pubblicazione.

Art. 46 - ~~Violazione degli obblighi di trasparenza~~ — ~~Sanzioni~~ Responsabilità derivante dalla violazione delle disposizioni in materia di obblighi di pubblicazione e di accesso civico
1. L'inadempimento degli obblighi di pubblicazione previsti dalla normativa vigente ~~o la mancata predisposizione del Programma triennale per la trasparenza e l'integrità~~ e il rifiuto, il differimento e la limitazione dell'accesso civico, al di fuori delle ipotesi previste dall'articolo 5-bis, costituiscono elemento di valutazione della responsabilità dirigenziale, eventuale causa di responsabilità per danno all'immagine dell'amministrazione e sono comunque valutati ai fini della corresponsione della retribuzione di risultato e del trattamento accessorio collegato alla performance individuale dei responsabili.
2. Il responsabile non risponde dell'inadempimento degli obblighi di cui al comma 1 se prova che tale inadempimento è dipeso da causa a lui non imputabile.

Art. 47 - ~~Sanzioni per casi specifici~~ Sanzioni per la violazione degli obblighi di trasparenza per casi specifici

1. La mancata o incompleta comunicazione delle informazioni e dei dati di cui all'articolo 14, concernenti la situazione patrimoniale complessiva del titolare dell'incarico al momento dell'assunzione in carica, la titolarità di imprese, le partecipazioni azionarie proprie, del coniuge e dei parenti entro il secondo grado, nonché tutti i compensi cui da diritto l'assunzione della carica, dà luogo a una sanzione amministrativa pecuniaria da 500 a 10.000 euro a carico del responsabile della mancata comunicazione e il relativo provvedimento è pubblicato sul sito internet dell'amministrazione o organismo interessato.

1-bis. La sanzione di cui al comma 1 si applica anche nei confronti del dirigente che non effettua la comunicazione ai sensi dell'articolo 14, comma 1-ter, relativa agli emolumenti complessivi percepiti a carico della finanza pubblica, nonché nei confronti del responsabile della mancata pubblicazione dei dati di cui al medesimo articolo. La stessa sanzione si applica nei confronti del responsabile della mancata pubblicazione dei dati di cui all'rticolo 4-bis, comma 2.

2. La violazione degli obblighi di pubblicazione di cui all'articolo 22, comma 2,

dà luogo ad una sanzione amministrativa pecuniaria da 500 a 10.000 euro a carico del responsabile della violazione. La stessa sanzione si applica agli amministratori societari che non comunicano ai soci pubblici il proprio incarico ed il relativo compenso entro trenta giorni dal conferimento ovvero, per le indennità di risultato, entro trenta giorni dal percepimento.

3. ~~Le sanzioni di cui ai commi 1 e 2 sono irrogate dall'autorità amministrativa competente in base a quanto previsto dalla legge 24 novembre 1981, n. 689.~~ Le sanzioni di cui al comma 1 sono irrogate dall'Autorità nazionale anticorruzione. L'Autorità nazionale anticorruzione disciplina con proprio regolamento, nel rispetto dell enorme previste dalla legge 24 novembre 1981, n. 689, il procedimento per l'irrogazione delle sanzioni.

Capo VII
DISPOSIZIONI FINALI E TRANSITORIE

Art. 48 - Norme sull'attuazione degli obblighi di pubblicità e trasparenza

1. ~~Il Dipartimento della funzione pubblica~~ L'Autorità nazionale anticorruzione definisce

criteri, modelli e schemi standard per l'organizzazione, la codificazione e la rappresentazione dei documenti, delle informazioni e dei dati oggetto di
pubblicazione obbligatoria ai sensi della normativa vigente, nonché relativamente all'organizzazione della sezione «Amministrazione trasparente».
2. L'allegato A, che costituisce parte integrante del presente decreto, individua modelli e schemi standard per l'organizzazione, la codificazione e la rappresentazione dei documenti, delle informazioni e dei dati oggetto di pubblicazione obbligatoria ai sensi della normativa vigente. Alla eventuale modifica dell'allegato A si provvede con i decreti di cui al comma 3.
3. Gli standard, i modelli e gli schemi di cui al comma 1 sono adottati ~~con decreti del Presidente del Consiglio dei Ministri~~ dall'Autorità nazionale anticorruzione, sentiti il Garante per la protezione dei dati personali, la Conferenza unificata, l'Agenzia Italia Digitale, la CIVIT e l'ISTAT.
4. ~~I decreti~~ I soggetti di cui all'articolo 2-bis, di cui al comma 3 recano disposizioni finalizzate:

a) ad assicurare il coordinamento informativo e informatico dei dati, per la soddisfazione delle esigenze di uniformità delle modalità di codifica e di rappresentazione delle informazioni e dei dati pubblici, della loro confrontabilità e della loro successiva rielaborazione;

b) a definire, anche per specifici settori e tipologie di dati, i requisiti di qualità delle informazioni diffuse, individuando, in particolare, i necessari adeguamenti da parte di singole amministrazioni con propri regolamenti, le procedure di validazione, i controlli anche sostitutivi, le competenze professionali richieste per la gestione delle informazioni diffuse attraverso i siti istituzionali, nonché i meccanismi di garanzia e correzione attivabili su richiesta di chiunque vi abbia interesse.

5. Le amministrazioni di cui all'articolo 11, nell'adempimento degli obblighi di pubblicazione previsti dalla normativa vigente, sono tenute a conformarsi agli standard, ai modelli ed agli schemi di cui al comma 1.

Art. 49 - Norme transitorie e finali

1. L'obbligo di pubblicazione dei dati di cui all'articolo 24 decorre dal termine di sei mesi dalla data di entrata in vigore del presente decreto.

2. Con uno o più decreti del Presidente del Consiglio dei Ministri sono determinate le modalità di applicazione delle disposizioni del presente decreto alla Presidenza del Consiglio dei Ministri, in considerazione delle peculiarità del relativo ordinamento ai sensi degli articoli 92 e 95 della Costituzione.

3. Le sanzioni di cui all'articolo 47 si applicano, per ciascuna amministrazione, a partire dalla data di adozione del primo aggiornamento annuale del Piano triennale della trasparenza e comunque a partire dal centottantesimo giorno successivo alla data di entrata in vigore del presente decreto.

4. Le regioni a Statuto speciale e le province autonome di Trento e Bolzano possono individuare forme e modalità di applicazione del presente decreto in ragione della peculiarità dei propri ordinamenti.

Art. 50 - Tutela giurisdizionale
1. Le controversie relative agli obblighi di trasparenza previsti dalla normativa vigente sono disciplinate dal decreto legislativo 2 luglio 2010, n. 104.

Art. 51 - Invarianza finanziaria
1. Dall'attuazione del presente decreto non devono derivare nuovi o maggiori oneri a carico della finanza pubblica. Le amministrazioni interessate provvedono agli adempimenti previsti con le risorse umane, strumentali e finanziarie disponibili a legislazione vigente.

Art. 52 - Modifiche alla legislazione vigente
1. Alla legge 5 luglio 1982, n. 441, sono apportate le seguenti modifiche:
a) all'articolo 1, primo comma:
1) al numero 2), dopo le parole: «ai Ministri,» sono inserite le seguenti: «ai Vice Ministri,»;
2) al numero 3), dopo le parole: «ai consiglieri regionali» sono inserite le seguenti: «e ai componenti della giunta regionale»;
3) al numero 4), dopo le parole: «ai consiglieri provinciali» sono inserite le seguenti: «e ai componenti della giunta provinciale»;

4) al numero 5), le parole: «ai consiglieri di comuni capoluogo di provincia ovvero con popolazione superiore ai 50.000 abitanti» sono sostituite dalle seguenti: «ai consiglieri di comuni capoluogo di provincia ovvero con popolazione superiore ai 15.000 abitanti;»;

b) all'articolo 2, secondo comma, le parole: «del coniuge non separato e dei figli conviventi, se gli stessi vi consentono» sono sostituite dalle seguenti: «del coniuge non separato, nonché dei figli e dei parenti entro il secondo grado di parentela, se gli stessi vi consentono».

2. All'articolo 12, comma 1, della legge 7 agosto 1990, n. 241, le parole: «ed alla pubblicazione» sono soppresse.

3. L'articolo 54 del decreto legislativo 7 marzo 2005, n. 82, è sostituito dal seguente:

«Art. 54.

(Contenuto dei siti delle pubbliche amministrazioni).

- 1. I siti delle pubbliche amministrazioni contengono i dati di cui al decreto legislativo recante il riordino della disciplina riguardante gli obblighi di pubblicità, trasparenza e diffusione di informazioni da parte delle pubbliche amministrazioni, adottato ai sensi dell'articolo 1, comma 35, della legge 6 novembre 2012, n. 190».

4. Al decreto legislativo 2 luglio 2010, n. 104, sono apportate le seguenti modificazioni:

a) all'articolo 23, comma 1, dopo la parola: «accesso» sono inserite le seguenti: «e trasparenza amministrativa»;

b) all'articolo 87, comma 2, lettera c), dopo la parola: «amministrativi» sono inserite le seguenti: «e di violazione degli obblighi di trasparenza amministrativa»;

c) all'articolo 116, comma 1, dopo le parole: «documenti amministrativi» sono inserite le seguenti: «, nonché per la tutela del diritto di accesso civico connessa all'inadempimento degli obblighi di trasparenza»;

d) all'articolo 116, comma 4, dopo le parole: «l'esibizione» sono inserite le seguenti: «e, ove previsto, la pubblicazione»;

e) all'articolo 133, comma 1, lettera a), n. 6), dopo la parola: «amministrativi» sono inserite le seguenti: «e violazione degli obblighi di trasparenza amministrativa».

4-bis. All'articolo 1, comma 1, del decreto legislativo 29 dicembre 2011, n. 229, le parole da "e i soggetti" fino a "attività istituzionale" sono sostituite dalle seguenti: "nonché gli ulteriori soggetti di cui all'articolo 2-bis del decreto legislativo 14 marzo 2013, n. 33, che realizzazione opere pubbliche".

5. Dalla data di entrata in vigore del presente decreto, qualsiasi rinvio al Programma triennale per la trasparenza e l'integrità di cui all'articolo 11 del decreto legislativo 27 ottobre 2009, n. 150, si intende riferito all'articolo 10.

Art. 53 - Abrogazione espressa di norme primarie

1. Dalla data di entrata in vigore del presente decreto sono abrogate le seguenti disposizioni:
a) articolo 26, comma 1, della legge 7 agosto 1990, n. 241;
b) articolo 1, comma 127, della legge 23 dicembre 1996, n. 662, e successive modificazioni;
c) articolo 41-bis del decreto legislativo 18 agosto 2000, n. 267;
d) articoli 40-bis, comma 4, del decreto legislativo 30 marzo 2001, n. 165, e successive modificazioni;
e) articolo 19, comma 3-bis, del decreto legislativo 30 giugno 2003, n. 196;
f) articolo 57 del decreto legislativo 7 marzo 2005, n. 82, e successive modificazioni;

g) articolo 3, comma 18, della legge 24 dicembre 2007, n. 244;
h) articolo 21, comma 1, art. 23, commi 1, 2 e 5, della legge 18 giugno 2009, n. 69;
i) articolo 11 del decreto legislativo 27 ottobre 2009, n. 150;
l) articolo 6, comma 1, lettera b), e comma 2, lettera b), del decreto-legge 13 maggio 2011, n. 70, convertito, con modificazioni, dalla legge 12 luglio 2011, n. 106;
o) articolo 20, comma 1, del decreto legislativo 31 maggio 2011, n. 91;
p) articolo 8 del decreto-legge 6 luglio 2011, n. 98, convertito, con modificazioni, dalla legge 15 luglio 2011, n. 11;
q) articolo 6, comma 6, della legge 11 novembre 2011, n. 180;
r) articolo 9 del decreto legislativo 29 novembre 2011, n. 228;
s) articolo 14, comma 2, del decreto-legge 9 febbraio 2012, n. 5, convertito, con modificazioni, dalla legge 4 aprile 2012, n. 35;
t) articolo 18 del decreto-legge 22 giugno 2012, n. 83, convertito, con modificazioni, dalla legge 7 agosto 2012, n. 134;
u) articolo 5, comma 11-sexies, del decreto-legge 6 luglio 2012, n. 95, convertito, con

modificazioni, dalla legge 7 agosto 2012, n. 135.

Il presente decreto, munito del sigillo dello Stato, sarà inserito nella Raccolta ufficiale degli atti normativi della Repubblica italiana. è fatto obbligo a chiunque spetti di osservarlo e di farlo osservare.

www.ingramcontent.com/pod-product-compliance
Lightning Source LLC
Chambersburg PA
CBHW072211170526
45158CB00002BA/554